DICTIONNAIRE DES BRAVES,
ET DES
NON-GIROUETTES.

La force et la fidélité soutiennent le Brave, la Gloire le Couronne.

DICTIONNAIRE
DES BRAVES
ET DES
NON-GIROUETTES.

Nomenclature curieuse, intéressante et impartiale des Français royalistes ou patriotes, républicains ou bonapartistes, qui, depuis le commencement de la Révolution jusqu'à la seconde restauration, ont montré un grand caractère, ont été fidèles à leur parti, et ont tout sacrifié pour la défense de leurs opinions et de leurs principes.

PAR UNE SOCIÉTÉ DE NON-GIROUETTES.

« Fidèle à son pays et fidèle à la gloire,
Son nom doit être inscrit au temple de mémoire. »

PARIS,

CHEZ
LÉVÊQUE, Libraire, quai des Augustins; n°. 13.
LAURENS aîné, Imprimeur-Libraire, quai des Augustins, n°. 19.
DELAUNAY, Libraire, Palais-Royal, galerie de Bois, n°. 243.
PELICIER, Palais-Royal, galerie de la première cour, n°. 10.

1816

AVANT-PROPOS.

L'histoire est le grand livre où sont consignés les arrêts de la postérité. Le temps présent juge avec trop d'indulgence ou de sévérité; les temps futurs prononceront toujours avec discernement et impartialité parce qu'alors l'intérêt et les passions n'auront plus d'empire. Ce n'est point écrire l'Histoire que de calomnier l'espèce humaine, et de multiplier les coupables. Il est vrai que, dans tous les temps, le crime heureux eut des autels; que l'ingratitude a guidé les cœurs, qu'il est peu d'hommes fidèles à la reconnaissance et à leurs sermens, que la faveur appelle toujours autour d'elle les mortels vils et rampans, et que la bannière des puissans fut toujours environnée de bénédictions et d'éloges. Avec le stylet de la haine, il est facile d'accumuler les pages historiques : c'est alors que l'écrivain ne produit que des actes d'accusation et des libelles. Le temps présent a vu les écrits consacrés au blâme, à la médisance et à la calomnie, multipliés par le vil intérêt, par la bassesse, par l'esprit de parti... C'est là où se trouve consigné l'acte d'accusation contre la nature humaine, où sont réunis les noms des hommes les plus immoraux, avec ceux des êtres les plus vertueux, des mortels les plus sages et les plus modérés, avec ceux des enthousiastes, des fanatiques et des scélérats. Toute l'Europe est inondée de ces productions mensongères, où le nom français est livré au ridicule, au mépris, à la haine....; ne peut-on opposer à ces pages trompeuses la vérité de l'Histoire, peindre nos contemporains tels qu'ils ont été dans la France agitée pendant le cours d'une révolution aussi terrible par le fanatisme de ses prosélites, que par la furie des réacteurs ; offrir les Français tels qu'ils ont été, braves au champ d'honneur, ayant toujours de grandes vertus et quelquefois des faiblesses ; habiles contre les ennemis de la patrie, maladroits au sein des discordes civiles, se glorifiant de voir au milieu d'eux quelques individus, du sein de l'obscurité s'élevant aux premières dignités; quelques autres, plus modestes, tenus par l'oubli dans une espèce d'anéantissement, parce qu'ils ont cherché le silence et la retraite; les premiers, dignes de quelque estime, parce que, malgré leurs erreurs, ils furent toujours fidèles au parti qu'ils ont embrassé; les derniers, toujours dignes des respects du sage, parce qu'ils n'ont jamais fléchi les genoux devant la tyrannie, et qu'ils ont toujours suivi le sentier de l'honneur et de l'équité.... Où trouver les Français dignes de tous nos souvenirs? parmi les guerriers toujours fidèles à la patrie, parmi les individus toujours constans dans leurs projets, dans leurs opinions, dans leur conduite; c'est à de tels Français que nous consacrons cet Ouvrage; c'est aux braves, aux amis de la patrie, aux modèles de la constance, que nous offrons ce Dictionnaire, où se trouve une nomenclature bien digne d'exciter la curiosité, de provoquer à la fois les éloges et l'admiration en faveur de ces guerriers, qui, transportés de leurs foyers dans l'arène des combats, exécutèrent de grandes choses à cette époque, où la guerre couvrait la patrie du bon *Henri*, de ruines, de lauriers et de larmes..... et la faveur de ces hommes, que des fautes graves, et même des forfaits ont rendu trop illustres, contre lesquels la patrie veut porter un jugement sévère, mais impartial.

Nous sentons combien il est délicat de ramener encore sur la scène ceux que l'on voudrait condamner à l'oubli, d'accorder un éloge à ceux que tant d'erreurs doivent livrer au blâme. Mais le laurier de la gloire ne se flétrit jamais, et la trompette de la Renommée met en réserve quelques-uns de ses sons pour la célébrité des favoris de la fortune.... Il est vrai que les temps paraissent peu prospères pour le succès d'une telle entreprise; il s'en faut bien que toutes les passions soient sans voix, que toutes les haines se soient amorties, que tous les flambleaux de la Discorde soient éteints; et il est impossible, peut-être pendant bien long-temps encore, de capituler avec les ennemis éternels de l'honneur français, avec ces entêtés, ces exaltés de tous les partis, qui feignent d'être sourds au cri de la justice et de la vérité.... Mais notre premier hommage est pour les braves, nos souvenirs pour les chefs de ces partis qui ont désolés la France et qu'il est important de bien faire connaître, pour dessiller les yeux de la multitude, éclairer les hommes de bonne foi, désarmer le fanatisme, et comprimer ainsi toutes les factions par les armes de la persuasion, de la raison et de la vérité..... Notre intention n'est pas de raviver avec le fer les blessures faites à la patrie; mais d'appaiser les esprits et de réconcilier les cœurs, de rendre hommage à la bravoure, de célébrer la constance, de donner des autels à la fidélité... On a essayé d'immortaliser nos Pisistrates modernes, nous voulons peindre, sous les couleurs qui leur conviennent, et les guerriers qui, pour la patrie, ont tout sacrifié, et les *Sylla* et les *Marius* qui les ont séduits ou trompés, et les gens de bien qui furent leurs victimes.

C'est pour la patrie que nous avions formé cette nomenclature, c'est pour la paix future et le bonheur qui doit en être le résultat, que nous déroulons les pages de nos éloges et de nos sévères réflexions.

Mais lorsque la justice et la vérité guident nos pinceaux, peut-il nous être défendu de faire entendre nos voix ambitieuses, et de préluder des actes de reconnaissance et d'amour? Lorsque *les lis* reçoivent les hommages de tous les Français, qu'il soit permis à des Français de jeter quelques fleurs sur la tombe de l'infortuné *Louis XVI*, et de louer les héritiers de son nom et de ses vertus. Si le respect nous défendit de placer leurs noms dans l'ordre alphabétique, il nous laisse la liberté de payer le tribut dû à nos bienfaiteurs, aux sauveurs de la France.

Nous emprunterons, pour réussir avec plus de succès, les éloges justement accordés à cette famille illustre mais malheureuse, dans des temps de calamité et d'orage, parce que l'éloge a quelque chose de plus solennel lorsque la foudre des révolutions retentit et que la terreur glace d'effroi tout ce qui n'est pas brave ou juste.

Louis le Martyr, objet du culte et des hommages des gens de bien, offre, dans son histoire, deux être bien distincts, l'homme public et l'homme privé; homme public, il voulut faire le bien; homme privé, il le fit toujours : homme public, il régna dans des temps difficiles ; on l'eût appelé Titus à l'époque où le temple de Janus fut fermé sous Auguste; homme privé, il fut le modèle des bons rois. On a dit quelque part, et dans un temps où il y avait quelque courage à le dire : « Il n'y a qu'une voix parmi les contemporains, sur la vie privée de Louis XVI. Tout le monde convient qu'il mit la morale de Marc-Aurèle sur le trône; qu'il fit contraster la simplicité romaine avec le luxe d'une cour dépravée ; qu'il fut bon père, bon époux, et même excellent ami. »

Louis XVI qui, dans sa jeunesse, était connu sous le nom de duc de Berry, naquit le 23 août 1734. Il eut pour père le dauphin de France, fils de Louis XV. Un abord timide, un maintien modeste, de l'éloignement pour tous les plaisirs bruyans, formaient la base du caractère de ce

prince jeune encore....... Les folies du bel âg
n'eurent aucun pouvoir sur son cœur; jamais l
mensonge n'avait souillé sa bouche.... Dans s
jeunesse il menait une vie occupée; l'étude et le
travail remplissaient tous ses momens.....; vertueux par principes, sa morale austère le préser-
vait de la contagion; ses mœurs étaient la critique la plus sévère de ceux qui l'entouraient....
Son esprit était juste....; il aimait la chasse, et
semblait avoir hérité de ses ancêtres de cette noble passion : les vices de la cour lui furent inconnus. Au milieu de sa famille, de son domestique et de ses amis, il était heureux, et
n'avait nulle autre ambition; il conserva les goûts
honnêtes jusqu'à la fin de ses jours.

Louis XVI aimait le peuple, il en était aimé.
On donnait à Versailles une représentation du
Siége de Calais; il n'était encore que Dauphin,
et se trouvait dans sa loge. A ces vers :

Le Français, dans son frère, aime à trouver un frère
Qui, né fils de l'Etat, en devienne le père.

Les spectateurs applaudirent avec transport;

Louis comprit qu'on lui en faisait l'application : il s'inclina pour remercier. Un instant après, il applaudit le vers suivant :

Rendre heureux qui nous aime est un si doux devoir.

Ce fut un moment d'enthousiasme dont réellement il a été la victime.

Louis XVI voulut être appelé Louis-le-Sévère; la reconnaissance lui avait donné le titre de Bienfaisant : la postérité ajoutera ceux d'honnête homme et d'infortuné, que ses malheurs lui ont mérité.

» Louis eut pour épouse Marie-Antoinette d'Autriche, fille de Marie-Thérèse, et sœur de l'empereur Joseph... Au sceptre des Graces, elle joignait cette beauté imposante qui pare le trône même ; la blancheur de son teint était éblouissante; de vives couleurs paraient ses joues, sa taille était svelte, ses yeux étaient beaux et ses regards animés..... L'immortelle Marie-Thérèse donna à sa fille une éducation digne de sa naissance. Parée des graces de la jeunesse et de ces charmes séduisans qui ajoutent à la beauté ; elle portait avec elle le germe de tous les talens agréables....., Marie-Antoinette, dauphine ou reine de France, s'est toujours montrée grande, généreuse, bonne, humaine, compatissante, cherchant à obliger, et surtout délicate dans ses bienfaits..... Elle aimait la parure, mais cette parure qui sied si bien à la beauté; comme son époux, elle détestait le cérémonial, l'étiquette et le ton de la cour de Louis XV.

Cette reine aimable, ce roi sensible et bienfaisant ne sont plus !... Français, pleurez sur leur cendre, et parez leur tombeau des cyprès de votre douleur et de vos regrets.

Offrons au fils de Louis le martyr, martyr lui-même, la couronne de roses et de lis que des barbares ont voulu flétrir sur sont front virginal. Il n'est plus ce jeune *Marcellus*. France, que de vertus perdues pour la patrie ! que de beaux jours obscurcis à leur aurore !

Le comte de Provence, aujourd'hui S. M. Louis XVIII, dès sa jeunesse, unissait, à beaucoup d'esprit, un grand fond de connaissances. Homme privé, il était fait pour se créer un nom;

toutes les sciences, tous les arts lui sont familiers; il sait plusieurs langues, connaît parfaitement l'histoire des peuples de l'Europe, et la diplomatie de tous les cabinets. Sa mémoire est un répertoire universel des auteurs grecs, romains et français. Il a enrichi nos feuilles périodiques de plusieurs pièces fugitives dont il n'a jamais voulu publiquement se déclarer l'auteur, quoiqu'elles fussent souvent dictées par le goût et par une sage philosophie.

Ce prince, ami des arts et des talens, a favorisé, dans tous les temps, les principes qui peuvent faire le bonheur des peuples. Comme son frère, il voulut être aimé. Avant de monter sur le trône, et avant les temps désastreux de la révolution, il avait obtenu l'amour des Français. Il voyageait dans une des contrées du midi, il assistait à une fête donnée par l'amour et la reconnaissance. On applaudit à plusieurs reprises les vers suivans :

. . . . . . Il est chéri de tous . . . . . ,
Il n'est pas roi, mais bien digne de l'être.

Dans le malheur, Louis a montré du courage, un caractère.... Sa conduite chez les peuples où il a cherché un asile, commande l'admiration. On aime à contempler un des petits-fils de Henri-le-Grand, obligé de quitter *Venise*, demander fièrement au Sénat l'épée dont le bon Henri, son aïeul, avait fait don à cette république..... En butte aux orages politiques qui désolaient la France, on l'a vu, comme un autre Bayard, vivre pauvre, sans reproche, avec l'honneur, et ne former pour la patrie que des vœux dignes d'*Antonin*......

Aujourd'hui, assis sur le trône, Louis XVIII se fait gloire de cultiver les vertus pacifiques; il ne veut exister que pour ce peuple à qui son cœur depuis long-temps avait pardonné..... L'heure de la réconciliation vient de sonner : Français, bientôt vous ne serez plus qu'un peuple de frères et d'amis, gouverné par un bon Roi, qui va recommencer les règnes de *Louis XII* et du bon *Henri*.

Son frère, Monseigneur le Comte d'Artois,

est bien digne de nos hommages : aimable, spirituel, vif, enjoué, sémillant, ce prince, jeune encore, fut l'*Alcibiade* de la cour de France. Sa jeunesse fut orageuse; mais ses excellentes qualités ont toujours fait pardonner ses défauts. Bientôt l'infortune et l'abandon donnèrent du développement à son caractère; il se montra inflexible au moment où la monarchie succombait. C'est alors qu'il renonça au rôle d'*Alcibiade*, pour imiter le grand Henri; qu'il appela près de lui la noblesse fidèle, et qu'il prouva que, s'il eût été alors secondé, *il aurait tout osé pour aller,* comme il le disait, *chercher la mort, ou vivre avec la gloire*.....

Formés à l'école du malheur, les deux princes, fils du comte d'Artois, nous ont déjà prouvé que l'honneur est le principal mobile de leurs actions, qu'ils veulent être tout par le peuple, et les premiers et fidèles sujets de leur Roi, leur oncle et leur père d'adoption. Son altesse royale M. le duc d'Angoulême a pour épouse cette vertueuse princesse, si long-temps infortunée, et qui, par ses bienfaits, se venge de ses malheurs passés.

Vous ne serez pas oublié, vous, prince généreux, magnifique, que les lettres et les beaux arts ont regretté si long-temps; qui, du superbe Chantilly, aviez fait l'asile des artistes et des savans. A la valeur de Mars, le *prince de Condé* savait joindre la loyauté française. Celui qui, à la bataille d'Hestenbach, restait immobile devant une batterie qui faisait un affreux ravage, et répondait à ceux qui le sollicitaient de choisir une autre place : « Je ne trouve pas ces précautions » dans l'histoire du grand Condé; » qui, à la bataille de Minden, chargea lui-même avec tant de courage et de bonheur à la tête de la cavalerie française; qui, revêtu du commandement, avait remporté une victoire si glorieuse sur le prince Ferdinand, était encore modeste. Le prince de *Brunswick*, défait à Minden, fut visiter le héros de Chantilly. Il cherchait des yeux ces canons, qui lui avaient été pris, et qui, par délicatesse, avaient été soustraits à tous les regards. « Vous avez voulu, dit *Brunswick*, me vaincre deux fois : à la guerre, par vos armes, et dans la paix, par votre modestie. »

Le prince de *Condé*, avec juste raison, est fier de la gloire de ses ancêtres et de ses aïeux. Le grand Condé fut son modèle, la gloire son patrimoine, et l'honneur son bouclier.....

Le duc de Bourbon, fils du prince de Condé, a hérité des vertus de son père. La noblesse française qui a combattu sous les drapeaux de l'un, a été le témoin de la bravoure et des talens militaires de l'autre..... Quand on ne peut célébrer dignement le héros qui n'est plus, il faut se contenter de gémir en silence..... D'Enghien n'existe plus ; mais il vit dans le cœur des braves et dans le souvenir de son illustre famille... Comme lui, le prince de Condé vivra dans les fastes de l'histoire ; parce que tout ce qui est magnanime et généreux, doit être immortel comme son nom. (1)

---

(1) Lisez l'histoire de Louis XVI, en 2 volumes, Amsterdam, 1812.

DICTIONNAIRE DES BRAVES

ET DES

NON-GIROUETTES.

A.

ABATUCCI, *Patriote*.

Officier général de beaucoup de mérite. Brave guerrier, enlevé trop tôt à sa gloire future, à sa famille, à sa patrie. Ses premiers succès dans la carrière des armes, son amour pour son pays ouvraient pour lui un chemin à la célébrité, lorsqu'un coup funeste vint le frapper au milieu des combats. Il appartenait à l'une des premières familles de *Corse*, et fut admis dans sa jeunesse à l'école militaire de *Metz*, d'où il sortit, en 1790, pour entrer dans le 2.ᵉ régiment d'artillerie à pied. Il fut aide-de-camp du général *Pichegru*, servit sous les ordres du général *Moreau*, et trouva la mort à l'attaque du pont d'*Huningue*. Le vainqueur de *Mœskirch* et de *Hohenlinden*, honora la mémoire de cet officier; par ses soins, un mausolée fut élevé dans la grande île du *Rhin*, en face du fleuve où la tête du pont d'*Huningue* avait été construite, et dans laquelle Abatucci périt victime de son intrépidité. Le général Duhesme, le 10 ventôse de l'an 10, présentait au directoire exécutif, les drapeaux qui avaient été décernés aux armées du *Nord*, *de Rhin* et *Moselle*, par le corps législatif. Il payait à nos guerriers le tribut d'éloges dû à leur valeur, à leur fidélité : « Vous célébrerez, disait-il, ce jeune et brave *Abatucci*, amant chéri de la gloire, qui, s'endormant dans le sein de la victoire et de l'honneur, ne regretta pas sa mort, parce qu'elle était digne de son courage. »

Nous voulons à-la-fois immortaliser le nom des braves, des bons citoyens, des soldats probes et fidèles; nous voulons les transmettre à la postérité, et nos premiers pas nous portent dans le sein des tombeaux; c'est là où se trouvent nos modèles; c'est là où reposent les amans de la patrie, les hommes purs et sans tache. Hélas! nous serons forcés d'y descendre encore; un aveugle destin frappe les bons et laisse vivre les méchans; mais la muse de l'histoire est là, elle brise la faulx meurtrière de la mort, elle s'avance avec l'immortalité, sa compagne chérie, le nom des pervers va se perdre dans la nuit des temps, et celui des grands hommes se place, gravé sur le bronze au temple de la gloire.

ABOVILLE, *Patriote*.

Aboville fut du nombre de ces guerriers qui, sous la monarchie s'étaient faits connaître par leurs talens militaires. C'était en Amérique, sous les ordres du général *Rochambeau*, qu'il apprit à chérir la liberté, à lui tout sacrifier; et qu'il acquit, par ses talens et son courage, l'estime des *insurgés* et des français.

« Aboville appartenait à cette caste privilégiée qui donne un plus beau lustre aux vertus de ses enfans, mais qui expose à un plus grand avilissement ceux qui se laissent dégrader par des passions honteuses, ou par des forfaits. Son éduducation avait été soignée. Neveu d'un officier général d'artillerie, il avait acquis comme lui toutes les connaissances militaires, même celles qui, plus abstraites et plus difficiles, sont moins enviées de ceux qui suivent la carrière des armes. Attaché à l'arme du génie et de l'artillerie, comme *Vauban* et *Montalembert*, il joignit la théorie à la pratique; comme eux, il sut concevoir, perfectionner; et habile dans l'art d'*Euclide* et d'*Ar-*

chimède, il essaya de faire faire à l'art un pas de plus. Rival des plus habiles officiers artilleurs pendant les guerres de la révolution, il offrit l'homme de génie dans l'attaque et la défense, et nos généraux les plus célèbres ont avoué que son talent leur fut souvent utile et décida quelquefois du sort des batailles. Emule de Villepatour, *Aboville* fut un des meilleurs artilleurs qui aient paru pendant les règnes de Louis XV et de Louis XVI. »

Placé par le gouvernement constitutionnel à la tête de nos armées, ce guerrier, ferme et inébranlable au poste de l'honneur, resta fidèle à la patrie ; et lorsque les magistrats et les guerriers servaient les factions ou trahissaient le parti qu'ils avaient embrassé, *Aboville* volait aux combats, à la victoire, et ne songeait qu'à la gloire que le français sait acquérir. C'est au général Aboville, que l'artillerie doit l'invention de nouvelles roues de canon qui facilitent la manœuvre, soulagent le canonier, et rendent le tir plus sûr.

Aboville fut nommé inspecteur-général, président du comité central d'artillerie, et membre du sénat conservateur.

ACLOQUE, *Royaliste-Constitutionnel.*

Chef de légion de la garde nationale de Paris, il aimait son Roi, il révérait les petits-fils du grand Henri, il leur consacra toute son existence. Royaliste en 1791, il fut royaliste en 1815.... il le sera toujours....

ALBIGNAC (le comte d'), *Royaliste.*

Il a servi son Roi avec fidélité. Dans les circonstances les plus horribles de notre révolution, il a fait son devoir. Il appartenait à l'ordre de la noblesse, et n'a jamais fait un pas rétrograde ou digne de blâme; il sert aujourd'hui son pays et son Roi avec zèle, amour et loyauté.

ANDRE (d'), *Constitutionnel-Royaliste.*

M. d'*André* était un des magistrats attaché au parlement d'*Aix*. A l'époque de l'imprudente retraite des députés de l'assemblée constituante, il se choisit un asyle et se condamna au silence. Lors de la première restauration, il fut nommé ministre de la police générale. Constitutionnel, il a toujours voté pour les idées libérales, il aimait et révérait Louis XVI; il sert aujourd'hui son Roi avec amour, avec fidélité.

ANDRÉOSSY, *Patriote-Constitutionnel.*

L'école d'artillerie se glorifie d'avoir formé le général *Andréossy*, guerrier, savant et diplomate, il s'est montré toujours avec honneur; ses belles actions sont dignes d'être transmises à la postérité. Ses talens le rendent recommandable à l'Europe entière, et sa patrie reconnaissante n'a qu'à se louer de sa conduite et de son dévouement. Malgré l'influence des factions et la fatalité des circonstances, il s'est toujours offert aux yeux des français comme un bon citoyen et un excellent officier digne, par ses talens et ses qualités aimables, de l'estime et de la considération publique. Il est auteur d'un écrit sur la vallée des lacs de *Natron* (1) et celle du *Fleuve sans eau*. On a lu dans le Moniteur (journal officiel), un article relatif à l'origine de ce lac, et qui présente des motifs propres à concilier l'opinion qu'il a émise dans son mémoire, sur cette origine, et celle que E. F. Lantier a manifestée dans ses Voyages d'Antenor en Grèce et en Asie.

ANSELME, *Patriote*.

La liberté fut l'amante chérie de ce guerrier, il lui fut toujours fidèle comme à la patrie. Général en chef, il força les soldats à lui obéir, les séditieux à le respecter, les gens de bien à l'admirer. Au milieu des factions qui déchiraient la France, il se montra l'ami des idées géné-

---

(1) Nétron ou *Natrum*, substance alcaline que l'on trouve en *Egypte*, et qui est un vrai carbonate de soude.

reuses, des réformes utiles, des sages institutions. Il commanda l'armée du *Var* qui agit contre les *Piémontais*. Avec une petite armée, qu'il sut discipliner, il fit la conquête du comté de *Nice*.

L'homme de bien est le point de mire des méchans, ils veulent toujours présenter comme un crime l'accomplissement des devoirs imposés à l'honnête homme et au vrai guerrier. Les exaltés de tous les partis se réunirent pour accuser *Anselme*; il fut arrêté et jeté dans les fers. Ce brave osa se défendre, fit paraître un mémoire justificatif, et la sottise et la haine furent confondues.

Rendu à la liberté, à sa patrie, à sa famille qu'il ne comptait plus revoir, *Anselme* prit le parti de vivre éloigné des affaires publiques. Il se choisit une retraite où il vécut tranquille et ignoré jus'qu'à sa mort, cultivant les arts au sein de l'amitié.

Guerriers si terribles dans les combats et si mal-à-droits au milieu des tempêtes politiques, *Anselme* vous avait tracé la carrière à suivre, et vous avait montré la conduite qu'il faut tenir quand on veut être fidèle à ses principes et à l'honneur.

ARMÉE FRANÇAISE, *toujours patriote*.

Un français (quelle que soit son opinion), et l'opinion ne doit-elle pas céder, dans toutes les circonstances, à l'intérêt national, à l'amour de la patrie), parlera toujours avec enthousiasme de la gloire, et des triomphes de cette armée toujours grande et dans la victoire et dans les revers, qui, victorieuse donna la paix au monde, qui, vaincue.... revint aux combats plus terrible encore, et prouve ainsi que ses revers sont dus aux factions qui la divisent, à l'univers jaloux qui conspira contr'elle et opposa des armées entières à ses bataillons déjà décimés.

Lorsque dans la France opprimée le crime avait des autels; que les lâches et les êtres avilis brûlaient en son honneur un encens sacrilège, les vertus s'étaient réfugiées dans les camps : là, était la patrie; les ennemis les plus implacables du nom français ont faits eux-mêmes cet aveu.

Jeunesse française! tous les genres de gloire sont ton appanage, les lauriers des beaux arts et ceux de la victoire doivent ombrager ton front, malgré l'envie qui conspire et la jalousie qui t'opprime. Dans nos cités fais naître par tes soins l'industrie, l'abondance et la paix; dans les camps, sois l'exemple et l'effroi de tes nombreux rivaux, ne combats jamais que pour la patrie et pour ton auguste chef. Fais pour eux les sacrifices les plus grands et les plus sublimes; que tous tes vœux soient désintéressés; que tous les actes de ton courage et de ton noble dévouement soient héroïques et dignes de l'immortalité.

Quel levier puissant que cet amour de la patrie ! quel pouvoir immense il exerce sur les belles âmes ! l'amour de la patrie se manifeste par les actes du plus parfait enthousiasme, par les prodiges les plus extraordinaires, par les plus grands sacrifices et les privations les plus pénibles. L'amour de la patrie double l'existence, donne une âme à celui qui n'en avait pas, fait les héros, exalte les vainqueurs, console les vaincus, et fait dire au soldat mourant pour la plus belles des causes : « *Vive la France ; vive le Roi.. Si nous avons vaincus, je meurs content !* »

L'armée française pendant vingt ans, s'est, à jamais, immortalisée par ses succès. Mais dans tous les siècles de l'antique monarchie n'a-t-elle pas prouvée que, commandée par des chefs dignes d'elle, elle fut toujours invincible.

Je parcours les pages de notre histoire, et je vois encore l'armée française qui, près de *Tours*, guidée par *Charles Martel*, fait mordre la poussière aux soldats d'*Abderame*.

C'est cette armée qui, sous les ordres de Charlemagne porte ses pas victorieux de l'*Ebre* à l'*Elbe*, et des *Alpes* au *Tibre*.

C'est encore elle qui, sur les rives du *Nil*,

montre son auguste chef plus grand dans les fers qu'au jour de la victoire.

Les vainqueurs à *Bovines*, à *Fontenoi*, sur les rives de *l'Ohio*, n'ont-ils pas précédé les vainqueurs de Jemmapes, de Fleurus, de Marengo, d'Austerlitz, d'Jéna, de Wagram.

Et ce *Louis-le-Grand*, la gloire des Gaules, et dont le nom seul était l'effroi des enfans du nord conjuré, n'avait-il pas des armées françaises commandées par les plus grands capitaines du siècle; n'avait-il pas dans les rangs de ses soldats, des grenadiers français; ce mot de *grenadier*, n'est-il pas synonime de l'honneur, du courage, de la fidélité !

Soldat français, qu'as-tu fait de ta gloire, de tes conquêtes, des monumens élevés en ton honneur? ô patrie !.... tes enfans étaient alors heureux; le laurier de la victoire ombrageait leurs fronts belliqueux; la gloire se livrait à eux avec tous ses charmes; et la haine, la jalousie et l'odieuse calomnie se taisaient devant eux. Armée française, tu n'es plus.... Mais, que dis-je... reparais glorieuse et triomphante sous l'antique banière des *Lys*.... sois ce que tu fus toujours, fière, terrible, passionnée pour la gloire et l'honneur ; sois enthousiaste de tes rois... jamais ton esprit n'a changé, il ne changera jamais.

ARNAUD (d'), *Patriote.*

Jacques d'*Arnaud* est né à *Brive-Boulans* (Loiret), le 8 avril 1758. Cet officier d'un rare mérite a servi avec honneur et distinction, et comme le disait le général *Watrin* : « Il a toujours conduit à la victoire les troupes qu'il savait aussi bien commander que discipliner. »

A la tête d'une division de l'armée d'Italie, il a constamment repoussé et vaincu l'ennemi dans la rivière de *Gênes*, jusqu'au moment où une balle lui enleva la jambe, et priva l'armée des services d'un officier général aimé, estimé de ses frères d'armes, et digne de combattre pour sa patrie.

ARNOLET, *Patriote.*

Savant, il suivit l'armée française en *Égypte*, fut chargé avec Champy fils, d'aborder les plages de la mer rouge, et d'y faire des reconnaissances. Comme savant et patriote, il a droit à l'estime des français.

AUBERT-DUBAYET, *constitutionnel-royaliste.*

Ce brave, jeté au milieu des orages d'une grande révolution, offrit en sa personne un exemple de ce que peuvent, réunis ensemble, les talens, le courage et la probité. Une éducation mâle et soignée avait ajouté aux dons de la nature. Guerrier, homme de lettres, publiciste, diplomate, il obtint tous les genres de gloire. Son attachement aux vrais principes d'une liberté sage et modérée l'avaient fait distinguer. Investi de la confiance de ses compatriotes, il fut élu député à l'assemblée législative, et choisi par les amis de cette constitution monarchique hasardée par la philosophie du siècle. Réuni, d'esprit et d'intention à cette minorité de l'assemblée législative, qui voulait sauver l'état et la constitution, *le monarque et la monarchie*, il défendit les principes constitutionnels, par la solidité de ses opinions et la franchise de son caractère.

Le 10 août, il présidait le corps législatif.

Il quitta la législature au mois de septembre 1792; et à la tête de nos guerriers, il fut appelé à défendre *Mayence*. La garnison de cette ville et son commandant, ont obtenu une capitulation honorable, et furent envoyés dans la *Vendée*. Bientôt Aubert-Dubayet est destitué. (1)

Le 14 décembre de l'an 5, il fut nommé ministre de la guerre. Le 19 pluviôse de l'an 6, il fut envoyé en ambassade à Constantinople, où

───────────────

(1) Il fut dénoncé à la tribune de la Convention, le 22 brumaire de l'an II, par le marquis de *Montaut*, député, affectant de tenir à la montagne, et qui s'était fait une vertu d'avoir dénoncé même ses proches.

il mourut le 5 pluviôse de l'an 8. Les amis qui l'avaient suivis dans cette ambassade, où il fit aimer et respecter le nom français, versèrent des pleurs; le corps diplomate assista à ses funérailles, et son corps fut déposé dans une fosse en pleine campagne; ainsi mourut à la fleur de son âge, un brave guerrier, un honnête homme, un fidèle sujet à Louis XVI, un bon français, digne à jamais de l'estime et des regrets des gens de bien.

AUGEREAU, *Patriote*.

Salut au brave que la foudre des combats a respecté; son corps est couvert d'honorables blessures; tous les jours il offre en sa personne la mort et la vie qui sont aux prises. Ses mains victorieuses ont placé son épée sur les fleurs qu'il se plaît à cultiver lui-même; tranquille dans ses foyers, il vit sans ambition, sans faste et sans orgueil, faisant des vœux pour sa patrie, entouré de ses amis, ayant assez fait pour la gloire, certain de laisser après lui un nom immortel et d'être placé parmi les grands capitaines de son siècle.

Les journées de Millésimo et d'Arcole, sont les filles aînées d'*Augereau*. A Millésimo, c'est lui qui a décidé la victoire; il a rempli les devoirs de chef et de soldat; il a payé de sa personne comme un simple grenadier, et c'est à l'exécution prompte et fidèle, des ordres qui lui ont été donnés, que l'armée d'Italie a joui de l'avantage de voir les autrichiens se replier devant elle, et les drapeaux français se déployer avec orgueil, à l'aspect des riches campagnes du Piémont et du Milanais.

L'armée autrichienne a été vaincue au passage de la Bormida; *à Cossaria, à Montesimo*, elle s'est retranchée derrière le pont de Lody. O beau jour de notre gloire, qu'êtes-vous devenus? hélas! à cet époque, les français ne combattaient que pour la patrie. Quelle attaque que celle de Lodi! Augereau fut le *Mars* de cette journée. Les colonnes françaises entonnent l'hymne des combats, elles s'ébranlent avec la rapidité de l'éclair, elles s'élancent sur le pont. Le feu que les batteries et la mousqueterie ennemie vomissent, les arrêtent un instant... Mais *Berthier* et *Masséna*, d'un côté; d'*Dallemagne* et *Cervoni* de l'autre, sont à la tête de nos phalanges; ils marchent, et les grenadiers se précipitent sur les pièces ennemies. On combat encore, un instant il a fallu céder; mais le *foudre de guerre* est là; il avance à pas redoublés; il est plus rapide que l'éclair; il atteint l'ennemi, le frappe, le met en déroute; c'était *Augerau*. Les français sont vainqueurs

Augereau, puis-je passer sous silence ton plus beau fait d'armes.... Nos légions sont devant

Arcole! quelle mémorable journée ! jamais la brave armée d'Italie ne s'était trouvée dans une position aussi critique. Toutes les forces réunies de l'Autriche, irritée, sont au champ d'Arcole ; si l'attaque doit être terrible, la défense doit l'être encore plus. Le désespoir de l'ennemi a multiplié les obstacles ; le dévouement et la constance des français doivent en triompher. Il fallait passer le pont d'Arcole qui s'ert de communication, au milieu des marais et des canaux qui coupent la plaine. Toute la journée l'avant-garde de l'armée française à combattue, et toujours elle a trouvé la même résistance. En vain tous nos généraux se sont précipités à la tête du pont.... Tentatives inutiles, ils ont tous été blessés. Augereau saisit un drapeau, s'élance jusqu'à l'extrémité du pont, et reste là pendant plusieurs minutes ; il appelle nos soldats du geste et de la voix, c'est un autre *Horatius-Coclès*, se devouant à la mort pour faire triompher nos soldats. Augereau fut obligé de rejoindre nos bataillons ; il le fait avec fierté, comme le lion qui s'est élancé et n'a pu saisir sa proie.

Cet officier général est né à Paris, le 21 octobre 1757. Dès sa plus tendre jeunesse, il prit le parti des armes. Long-temps il avait su obéir, mais la révolution française qui indiquait aux braves, aux hommes de génie la place qu'ils allaient occuper, marqua le rôle important que devait jouer *Augereau* sur le théâtre de la gloire.

B.

BANEL, *Patriote*.

Il n'est plus, et son nom vivra long-temps parmi nos guerriers.... Brave Banel, c'est devant le château Cossario que tu trouvas la mort; tes braves frères d'armes ont posés sur ta tombe le laurier de la victoire, et le cyprès de leurs éternels regrets.

Le général Banel fit la campagne d'Italie dans la division *Joubert*, et commandait le second corps.

BARBA-NEGRE.

Officier général; il avait, parmi ses braves frères d'armes, acquis, depuis long-temps, le titre de bon officier et de soldat intrépide. L'armée le contemplait et le vit avec satisfaction, chargé de la défense d'*Huningue*. Il s'était dévoué, et l'attente des braves et des français n'a point été trompée. *Huningue* à résisté; et lorsque ses murailles, si bien défendues, n'existeront plus, en voyant encore quelques débris, que le temps, malgré la haine et l'envie, saura respecter, on dira: « ici fut *Huningue*, que défendit *Barba-*

Nègre, contre une armée victorieuse. » La garnison fut forcée de se rendre ; et lorsqu'on se préparait à compter ses bataillons, qui semblaient s'être multipliés, pour rendre cette forteresse inexpugnable, on vit s'avancer cinquante soldats français. S. A. I. l'archiduc Jean, croyant voir paraître seulement l'avant-garde de la garnison, invitait *Barba-Nègre* à faire sortir sa petite armée : « mon prince, voilà toute la garnison, répondit *Barba-Nègre;* l'archiduc frappé d'étonnement, ne put s'empêcher de serrer dans ses bras ce brave commandant, et prodigua les plus grands éloges à la petite garnison. *Barba-Nègre* était patriote ; on ne fait pas de belles actions sans aimer la patrie et la gloire.

BARRAS, *Républicain présumé.*

Officier de marine, membre de la convention nationale, Barras fut nommé membre du directoire exécutif établi en France lors de l'acceptation de la constitution de l'an 3 ; tout puissant alors, il trouva un panégriste dans l'auteur de l'ouvrage intitulé les *Cinq Hommes*, et il fut reconnu et attesté que Barras était un homme. Ce directeur qui détestait la cour et voulait se venger joua le rôle de républicain. Il avait contribué à la chute du trône ; on conspira contre lui comme il avait conspiré contre ses maîtres ;

il perdit à-la-fois son pouvoir, son crédit, sa renommée; il ne fut plus qu'un factieux, forcé de se condamner lui-même à l'exil et à la retraite.... L'expérience à prouvé à Barras que pour réussir en révolution, il faut être plus qu'un homme, surtout lorsqu'on prétend commander; il se contente aujourd'hui d'être un simple particulier, et de jouir des douceurs du repos, simple spectateur des grandes catastrophes qui agitent l'Europe.... Barras fait bien... très-bien. C'est ainsi qu'il peut faire oublier ses erreurs et son inconduite.

BARTHELEMY, *Patriote*, *Royaliste*, *Constitutionel*.

Ce nom est cher aux lettres, à la patrie, à l'honneur. *Barthelemy* était parent de cet aimable et savant auteur qui fit voyager le jeune *Anacharsis*, aux lieux où furent autrefois les républiques de *Sparte* et d'*Athènes*; l'homme public qui nous occupe eut le talent de son parent, l'ame d'*Anacharsis*, et les vertus d'un bon citoyen. Il parcourut d'abord la carrière diplomatique; en 1772, il était attaché en qualité de secrétaire d'ambassade de France, en Suède, près M. De *Vergenes*.

L'époque de 1772, fut celle de cette révolution paisible, dont Gustave III fut le héros, et qui rendit la Suède libre et plus fortunée.

Par son esprit de droiture et d'affabilité, M. *Barthelemy* contribua à augmenter prodigieusement le nombre des partisans d'un gouvernement vraiment libéral, et qui sut se rendre indépendant des cabales de l'étranger. Gustave III l'honora de son amitié, et lui portait l'attachement que tous les vrais Suédois lui montraient.

Passé à la cour de Londres, à diverses époques et pour diverses missions, dont l'une comme ambassadeur, il s'y est fait constamment estimer. Ambassadeur en Suisse, la même considération l'environna. C'est pendant cette ambassade qu'il devint l'organe de la France pour établir cette paix avec l'Espagne, qui n'aurait jamais due être rompue.

Sa patrie était républicaine; les gens de bien qui commençaient alors à s'entendre, le désiraient pour *directeur;* les souverains même, coalisés contre la France, en l'indiquant, appuyaient ce vœu des gens de bien. Les premiers, avec juste raison, le voulaient, pour inspirer toute confiance à l'étranger; les autres l'appelaient à ce poste éminent pour le perdre.... ils réussirent.

A l'époque funeste de fructidor, M. *Barthelemy*, un des membres du directoire, fut déporté. Revenu en Europe avec les compagnons de son infortue, il aurait voulu retourner en France, parce que, loin de sa patrie, il ne voyait plus pour lui ni douce satisfaction, ni paix ni bonheur. Ce fut en Allemagne qu'il fut forcé, malgré lui, de choisir une retraite, et où il a joui de toute la considération qu'il méritait ; il y fut traité comme l'ami de l'ordre, de la paix, et reçut de tous les hommes probes de ces contrées, tous les bienfaits de l'hospitalité la plus fraternelle.

Une révolution en France le rendit à sa patrie. Sous les gouvernemens qui ont précédé celui du roi légitime de sa patrie, il a été revêtu de la toge sénatoriale et de celle de la pairie. Citoyen vertueux, fonctionnaire public irréprochable, il acquit l'estime de tous les partis et de tous les chefs du gouvernement, à toutes les époques.

BARRÈRE (BERTRAND), *Républicain.*

Homme de loi, conventionnel, législateur, journaliste, homme de lettres, publiciste, à la tribune de nos assemblées, dans la retraite, libre ou exilé, loué ou calomnié. Barrère, nous le disons, fut toujours républicain : il aimait le peuple et détestait la tyrannie. Au milieu des républicains exaltés, il ne vit que la patrie. Cette manière de penser lui fit une renommée colossalle et le plaça parmi les monstres révolutionnaires : il n'était qu'un poltron : des mœurs douces, quelques talens, de la facilité, des idées extravagantes, des mots boursouflés et des rapports exagérés en ont fait un homme dangereux en politique, il a vu rarement bien; il n'a pas assez de courage pour être républicain exalté.

BARBOU, *Patriote*.

Gabriel *Barbou*, né à Abbeville, le 21 novembre 1761, embrassa de bonne heure la profession des armes. Le 14 mai 1779, il entra comme sodat-volontaire au 68e régiment. Il avait déjà obtenu le grade d'officier par ses services en France et sur l'escadre française commandée par M. le comte *Destaing*, lorsqu'à l'époque de la révolution, les dangers de la patrie appelèrent les français aux frontières. Il fit toutes les premières campagnes, où les amis de la patrie ont acquis une si grande gloire. Il fut nommé général de division. Une longue suite de services, un attachement sans bornes aux devoirs de son état et l'habitude de la discipline, ont porté ce général au commandement de la 27e division militaire; il a obtenu sa retraite.

BASTOUL, *Patriote*.

Louis Bastoul, né à Monthonteux, département du Pas-de-Calais, à l'âge de 20 ans, entra dans le régiment de Vivarais en qualité de soldat, et par sa bonne conduite obtint bientôt le grade d'officier. Cet ami de la liberté, ce brave guerrier, que ses talens et sa bonne conduite avaient élevé au grade de général de division, fut blessé à la bataille de Hohenlinden, et mourut à Munich, le 25 nivôse an 9, des suites de ses blessures, regretté de toute l'armée et de tous ceux qui l'avaient connu.

BASTE, Contre-Amiral. *Bonapartiste.*

Officier général parvenu par son mérite personnel et les services qu'il a rendus à l'armée; il fut nommé colonel des marins de la garde. Il a fait glorieusement les campagnes d'Allemagne et d'Espagne. Il est mort comme meurent tous les amis de la patrie, les armes à la main et sur un champ de bataille ; étranger aux factions, à l'intrigue, à l'esprit de parti.... etc.

BEAUHARNAIS, *Royaliste-Constitutionnel.*

M. De Beauharnais, officier général, fut un des orateurs de l'assemblée constituante. Dès sa plus tendre jeunesse il servait sa patrie; mourir pour elle, fut le premier des vœux de ce brave guerrier.

Né à la Martinique en 1755, il reçut la plus belle éducation, et sut réunir aux qualités précieuses du cœur les avantages de la naissance et de la fortune.

O vous qui, dans des temps d'orage et de

calamité, aimez encore la France, et qui vous glorifiez du nom de Français, pour donner à votre amour une force nouvelle, évoquez les ombres de ces guerriers, de ces législateurs, amis véritables de leur pays, qui ont péri victimes de la révolution; ils vous diront tous qu'ils refusent les pleurs que vous versez sur leur triste sort, s'il doit en coûter un soupir à la patrie ou s'il faut encore des victimes pour venger d'autres victimes. Ils avaient révélé des vérités utiles, proclamé les principes d'une sage liberté : c'étaient des actions de grâce que devaient voter pour eux leurs concitoyens; mais des ambitieux, des salariés de l'anarchie et de l'odieuse tyrannie vinrent, qui détruisirent leur ouvrage, les persécutèrent, les traînèrent à l'échafaud; et ces hommes généreux marchaient au supplice, aimant mieux sceller la liberté de leur sang que de la trahir au prix de leur conscience. Voilà la véritable grandeur, voilà le véritable patriotisme, c'est ce qui distingue la vie politique de Beauharnais et rend sa perte si douloureuse.

Député à l'assemblée constituante, ses opinions furent toujours celles d'un homme sage, qui n'a d'autre guide que l'honneur et la probité; son ame noble et fière ne connut jamais les calculs de l'ambition ni les détours de l'intrigue; c'est lui qui disait : « qu'un peuple libre ne doit jamais perdre de vue qu'il mine la statue de la liberté, le jour qu'il ne lui laisse plus la même base que celle de la justice. » Beauharnais fut nommé général en chef de l'armée du Rhin; dénoncé, il fut destitué, livré aux tribunal révolutionnaire, et périt sur l'échafaud, le 5 thermidor an 2.

Un bon français put dire alors : « il était des braves qui voulurent rendre aux citoyens l'exercice de leurs droits, au gouvernement le pouvoir de faire le bien; ils avaient brisé le sceptre de fer du despotisme et de l'anarchie; mais les méchans en rapprochèrent les débris pour en frapper les gens de bien, et leur ravirent ainsi l'existence en essayant, mais en vain, de les avilir. »

BEAUHARNAIS (Eugène), *Patriote*.

Ce jeune guerrier, fils du général *Beauharnais* et de Joséphine Tascher, à surpassé toutes les espérances : talens, courage, sagesse, prudence, il a tout réuni. Cher aux soldats, utile aux chef du gouvernement, estimé des ennemis même du nom français. On a vu sans peine son élévation. L'Italie le révère, l'Allemagne l'admire, la France ne peut l'oublier. Aujourd'hui retiré dans une terre étrangère, il se montre bon époux, bon père, bon citoyen et fidèle à ses sermens.

BEAUMONT, *Patriote*.

Le général Marc-Antoine *Beaumont*, est né à Beaumont, département d'*Indre-et-Loire*, le 25 septembre 1763; il avait fait des études suivies et reçu une éducation soignée, lorsqu'il fut admis parmi les pages de Louis XVI, le 31 décembre 1777; en 1784, il était premier page. Le 2 juin de la même année, il fut nommé capitaine au 9e. régiment de dragons, et colonel le 7 août suivant. Le général *Beaumont* a fait toutes les campagnes de la révolution; en l'an 11, le grade de général de division devint le prix de ses services et de son dévouement à la patrie.

BEAUMONT (le Chevalier de), *Royaliste*.

Le Bocage a vu ce brave combattre pour son Roi; dans les champs Vendéens, il s'est immortalisé par son dévouement.... Fidèle à sa cause, toute sa famille à imité son exemple.... Il est digne des éloges des gens de bien.

BEAUPUY, *Républicain-Austère*.

La reconnaissance publique par les soins d'un des grands capitaines de notre siècle, a élevé sur les bords du Rhin, le mausolée qui couvre la cendre du général *Beaupuy*, de ce guerrier qui, jeté par le hasard sur le théâtre de nos guerres civiles, s'arma tout à-la-fois pour la cause de la patrie et de l'humanité, et se montra sensible et généreux après la victoire. Avide de gloire, il combattit avec courage les ennemis qu'il trouva les armes à la main. Dans les champs Vendéens, sur les rives du Rhin, jamais il n'abusa de ses forces pour accabler le faible et l'homme désarmé; car, tel est le caractère de la véritable bravoure; celui qui affronte les périls au champ d'honneur ne possède pas encore toutes les vertus du guerrier, si, lorsqu'il a terrassé son ennemi, il ne lui tend une main généreuse.

Beaupuy fut républicain et républicain austère; il nous l'apprend lui-même, lorsqu'il disait aux représentans du peuple : « c'est dans les camps, c'est dans nos cœurs que se trouve, dans toute sa pureté, le feu sacré de la liberté.... ce feu qui ne cesse d'y brûler, de s'y confondre avec l'amour de la patrie et le respect pour les lois. »

Le général de division *Beaupuy* était jeune encore lorsqu'il fut moissonné dans les combats. L'armée de Rhin et Moselle l'avait toujours vu à l'avant-garde au poste du danger et de la gloire. Sa bravoure et ses talens militaires, le firent généralement regretter.

BEGUINOT, *Patriote*.

Général de division, représentant du peuple.

Beguinot, né dans le département des Ardennes, en 1747, se fit remarquer par son civisme, sa vigilance, sa fidélité. Il fut employé souvent à pacifier les contrées divisées par l'esprit de parti et par la discorde; il ramena la paix, fit taire les haines, désarma les factions, rétablit l'ordre, et obtint la reconnaissance nationale et l'estime des gens de bien. C'est la conduite de ce brave officier, et ses bienfaits envers les peuples égarés, qui ont placé *Beguinot* sur le théâtre de la gloire, et qui le rappellent au souvenir des vrais français.

BELIARD, *Patriote*.

Cet officier supérieur à fait les compagnes de la révolution. C'est à l'armée d'orient où il a cueilli ses plus beaux lauriers, et où il fut toujours placé à l'avant-garde. Beliard à rendu des services importans à la patrie, et sa mémoire est chère à nos guerriers. Son nom vivra dans l'histoire, et sera toujours cité avec distinction.

BENTABOLE, *Républicain*.

Membre de la convention nationale, il fut fidèles à ses principes, rien ne pu le faire changer, ni la chute de son parti, ni la colère, ni les menaces de ses ennemis.... Exempt d'avarice et d'ambition, il n'a point cherché la fortune, et à fui les grandeurs.... *Bentabole* fut républicain.

BERNADOTTE, *Patriote-Constitutionnel.*

La révolution française se vit à son berceau, entouré d'une foule d'hommes qui désiraient le servir par leurs talens et leur génie. Le nom de Bernadote figure avec avantage sur cette longue liste de braves. Doué d'une imagination brûlante, des sentimens nobles et fiers, il avait embrassé de bonne heure le parti des armes; et à l'époque de la révolution, il se précipita dans les rangs des défenseurs de la patrie, résolu de vaincre ou de mourir pour elle. J. Bernadotte, né à Paris le 26 janvier 1763, suivait depuis quinze ans la carrière militaire, son courage, ses connaissances militaires lui ouvrirent le chemin des grades, et bientôt il fut nommé général de division. C'est en l'an 4, qu'il parut dans nos armées couvert de gloire; et c'est de cette époque qu'il faut dater sa vie militaire. Il servit sous les ordres du général *Jourdan*, et fut bientôt après compté parmi les braves d'*Arcole* et de *Lodi*. Ami de la discipline militaire, passionné pour les gouvernemens qui protégent la liberté et s'établissent sur une sage constitution, il invitait les dépositaires suprêmes des lois, à s'assurer du respect et de l'obéissance constitutionnelle des soldats de la patrie. Il aurait voulu comprimer les factions et les factieux, terminer le grand ouvrage que réclame l'Europe, et étouffer les querelles domestiques sans qu'il ne fut plus versé des flots de sang.

Bernadotte fut ensuite nommé ambassadeur de la république française à *Vienne;* il y fut reçu avec distinction. Le vainqueur d'*Altorf* et de *Gradisca* rendit une visite à l'archiduc Charles, et lui dit entr'autres choses flatteuses, qu'il n'avait pu résister à la tentation de connaître personnellement le vainqueur de *Wurtzbourg*. Une intrigue diplomatique ayant suscité une émeute à Vienne, contre les français et leur ambassadeur, Bernadotte quitta Vienne et revint à Paris, où il fut nommé à l'ambassade de la Haye; mais il refusa; quelques fragmens de la réponse qu'il adressa au directoire, font connaître l'ame toute entière de ce brave : « Depuis long-temps mes vœux et mon peu de penchant pour la carrière diplomatique vous sont connus.... vous savez même, que l'ambassade près la cour de Vienne ne m'avait nullement flatté.... si j'allais habiter avec les descendans de Jean de Wit et de Tromb, la république batave trouverait en moi un amant sincère de sa gloire et un chaud partisant de son bonheur.... agréez le tribut de ma gratitude, vous avez justement senti que la réputation d'un homme qui avait contribué à placer sur son piédestal la statue de la liberté, était une propriété nationale. »

Après avoir commandé l'armée d'observation, Bernadotte fut nommé ministre de la guerre, dont il ne remplit les fonctions que pendant trois mois. En l'an 12, il fut nommé ambassadeur auprès des États-Unis d'Amérique; mais une plus belle carrière à parcourir lui était réservée, l'homme qui joignait l'exercice des vertus civiles aux vertus guerrières, qui long-temps avait su obéir, était bien digne de commander aux hommes, et lorsque l'Europe éprouvait de grands changemens, il fut choisi pour aller, d'après les vœux d'un peuple brave et fier, commander les soldats de Charles XII, et les sujets de l'antique royaume de Suède.

BERTHIER, *Patriote-Constitutionnel.*

O ma patrie! verse des pleurs, ton ami a trouvé la mort aux lieux de son exil et sur une terre étrangère ; cette mort fut cruelle et imprévue; il ne reste plus de lui que son nom, que le souvenir de ses beaux faits d'armes, que ses écrits. Rappeler sa gloire passée, c'est en partie lui rendre la justice qui lui est due. Les braves compagnons de sa gloire, aimeront long-temps encore à chanter son nom, à louer son génie, ses talens et ses vertus.

Le maréchal Berthier servait en France en qualité d'officier du génie, lorsqu'une insurrection éclate dans les possessions anglaises en Amérique ; les ministres de Louis XVI crurent très-avantageux pour la France de donner des secours aux insurgés. Nos jeunes militaires furent respirer l'air de la liberté et cueillir des lauriers sur les bords de *Lohio*. Vainqueurs, ils furent des héros; ont leur prodiga les noms les plus flatteurs, les éloges les plus outrés : vaincus, ont les eut appelé des *brigands;* voilà comme souvent le succès fait la bonne ou la mauvaise renomée. Alexandre Berthier fut du nombre des guerriers qui suivirent M. De Lafayette dans la Pensylvanie.

De retour en France, il fut patriote comme tous les guerriers qui, chez les américains, avaient fait la guerre de la liberté. *Berthïer* sut combattre et vaincre ; mais il sut encore mieux diriger, maîtriser, créer la victoire. Il eut le coup-d'œil du génie et la science du cabinet. Berthier se montra le juste appréciateur des belles actions, il eut le courage de les faire connaître aux chefs du gouvernement, trop souvent injustes, il eut de plus le beau talent de les consigner dans nos annales.

BERTHOLET, *Patriote*.

Un des savans dont la France s'honore et s'honorera toujours; il fut de l'expédition d'Égypte. Nommé membre du sénat conservateur, il mourut environné de gloire; et par ses vertus et ses talens dignes de tous les regrets.

BERTRAND, *Bonapartiste.*

Cet officier général par son mérite personnel, par ses services, est parvenu au grade de général de brigade. La faveur du maitre fit ensuite son élévation. Qu'il soit blâmé par les uns, qu'il soit loué par les autres; par sa conduite, il est à-la-fois au-dessus de l'éloge et ne peut redouter le blâme. Les hommes qui savent être fidèles à leur parti, à leurs opinions, sauront apprécier ce brave. Quand on veut remplir un devoir que l'on s'est imposé, et seconder l'amitié, il faut connaître l'art de se dévouer, de tout souffrir, et de s'exposer à toutes les vengeances et à toutes les haines.

BERRUYER, *Républicain.*

Un nom illustre fut souvent un pesant fardeau; heureux l'homme qui ajoute à la gloire de son nom et qui s'immortalise avec ses aïeux. Tel fut Berruyer, né à Lyon le 6 janvier 1737.

Ce guerrier apprit l'art de la guerre au nord de l'Amérique; c'est là qu'à l'école des Francklin et des Wagington, il apprit aussi à aimer la patrie et à combattre pour elle; il fut du petit nombre de ces hommes qui, brûlant d'amour pour son pays, pensent que la volonté de faire le bien suffit pour l'effectuer, et que tous les hommes publics, fidèles à leurs devoirs, sont incapables de céder à l'intrigue, à l'ambition, au vil intérêt. Avant les grandes catastrophes révolutionnaires, Berruyer était patriote; son ame était brûlante, et son imagination enflammé. Toute opinion contraire à l'intérêt général, au bonheur de la multitude et qui semblait ne favoriser que *quelques-uns*, excitait son indignation. Il ne voyait les citoyens que dans le peuple, et de peuple que chez les français.... O noble orgueil national! Ses idées pouvaient être exagérées; mais elles étaient telles, il ne changea jamais. Sa constance rend ses opinions respectables.

Le maréchal Berruyer n'eut pas la douce consolation de mourir les armes à la main sur un champ de bataille; mais il termina sa carrière au milieu des braves qu'il avait commandé, à l'hôtel royal des Invalides de Paris.

BESSIÈRES (le Maréchal), *Patriote*.

Un des officiers généraux de nos armées, distingué par son courage et son intrépidité. Il a cueilli en Italie, en Allemagne, et sur les bords du *Nil*, des lauriers immortels. Dans nos armées, il fut placé au premier rang des braves; dans le sein de sa famille et dans la société de ses amis, il se fit remarquer par son urbanité et ses qualités aimables. Il sut joindre à l'amour de son état, les connaissances propres aux fonctions qui lui furent confiées.

Bessières, né à Pressac (Lot) en 1769, fit ses études à Toulouse. Il prit du service à l'époque de la révolution, et obtint tous les grades. Il est mort de la mort des braves; il n'a point vu les malheurs de la France; et si dans le sein des tombeaux quelque chose de la vie se trouve encore, ombre plus fortunée que nous, réjouis-toi de n'avoir pas vu les jours d'affliction et de calamité qui depuis quelques années ont lui sur la France.

Un fils du maréchal Bessières, héritier du nom et de la renommée de son père, a été nommé, quoiqu'enfant, à la dignité de pair, par un roi juste et magnanime, par Louis XVIII.

BILLAUD-DE-VARENNES, *Républicain-exalté.*

Marchand à la Guiane, proscrit, exilé, loin de sa patrie, il peut se consoler.... il expie ses longues erreurs; toujours républicain, aimant la patrie, il ne forme des vœux que pour elle. L'exaltation, sans doute, ne maîtrise plus son ame.... le temps et l'expérience doivent avoir désillé ses yeux....

BINET-MARCOGNET (P. L.), *Patriote.*

Pierre-Louis Binet De Marcognet, le 14 novembre 1765, est né à Croix-Chapeau (Charente-Inférieure. Il appartient à une ancienne famille de la ci-devant *Touraine*. Son aïeul, lieutenant-général des armées, après le siége de *Kayserswert*, en 1772, qu'il défendit avec honneur, eut le gouvernement de l'Aunis, de la Saintonge et du Poitou. Son fils a servi avec distinction, et a mérité le titre de général de brigade, dont il a rempli les fonctions avec honneur.

BIRON, *Constitutionnel*.

Armand-Louis Gortant De Biron, duc de *Lauzun*, était déjà renommé dans la carrière des armes lorsque la révolution vint à éclater. Son nom et sa réputation d'une sévère probité, l'appelèrent en 1789 aux états généraux, puis après dans l'assemblée nationale. Il se prononça des premiers en faveur d'un nouvel ordre de choses, soit qu'il eut à se plaindre de la cour, soit que ses principes lui eussent fait désirer la réforme des abus, et une distribution plus juste dans les diverses parties du gouvernement.

Il eut le commandement d'une de nos armées dans les temps les plus difficiles. Sa naissance, ses principes, lui firent des ennemis; il ne put résister à l'orage; il fut comme tous les amis de la patrie, victime de son devoir, de l'intrigue et de l'anarchie. Il mourut sur l'échafaud, le 2 nivôse de l'an 2, fidèle à la constitution acceptée par son roi, l'infortuné Louis XVI.

BOIS-GERARD, *Patriote*.

Cet officier, que l'arme du génie a compté parmi ceux qui se rendirent si utiles lors de la conquête de *Naples* par le général *Championet*, s'était empressé, dès l'an 1793, d'offrir à sa patrie les connaissances qu'une étude profonde lui avait donnée dans l'art des fortifications et du génie. Il servait avec distinction parmi les officiers de cette arme, à laquelle la France doit la plus grande partie de ses triomphes. En l'an 5, le général Moreau sut apprécier ses talens; plusieurs fois l'habileté de ses manœuvres et la sagesse de ses dispositions, ont fixé la victoire sous les drapeaux de l'armée française. Il seconda parfaitement les efforts des français et de leur illustre général, au passage du Rhin effectué en présence des autrichiens. En l'an 6, lorsque le général Hatry fut nommé commandant de l'armée de Mayence, *Bois-Gérard* fut appelé au commandement en chef du génie dans cette armée.

Le beau ciel de l'Italie devait éclairer ses succès. Il jouit des triomphes de l'armée française depuis *Rome* jusqu'à Naples; quel aspect pour un cœur patriote, chaque jour était un nouveaux combat ou plutôt une nouvelle victoire, et la conquête de *Naples* fut le prix de tant de fatigues et de tant de dangers.

Le général *Bois-Gérard*, sur la terre de la perfidie, entendit sonner le tocsin des secondes vêpres siciliennes.... Et qui peut pardonner aux français et sa gloire et ses succès. On entra dans cette grande capitale où la trahison n'est jamais si horrible que lorsqu'elle est moins prévue. Un combat sanglant est livré entre les français et les napolitains; déjà soixante heures se sont écoulées, *Bois-Gérard* reçoit le coup mortel en combattant à la tête des troupes; mais une douce consolation lui est réservée; avant de mourir des suites de ses blessures, il a vu le français vainqueur et la patrie satisfaite. Guerriers ! entonnez l'hymne funèbre, *Bois-Gérard* est enfermé pour jamais dans la tombe, sur une terre inhospitalière.

BOMPART, *Patriote*.

Dans ce petit nombre de marins que la France opposa à la Grande-Bretagne, on distingue le capitaine de vaisseau *Bompart*, qui fut chargé par le gouvernement français de commander une de ces expéditions destinées à descendre en Angleterre. Sa division navale était composée des deux frégates *la Loire* et *la Résolue*, et du vaisseau *le Hoche*, sur lequel était le général **Hardy**, commandant en chef l'armée expéditionnaire d'Irlande : cette petite division, composée de soldats intrépides, touchait presqu'au terme de son voyage, lorsqu'elle fut rencontrée au nord de l'Irlande par une escadre anglaise. L'action s'engagea aussitôt de part et d'autre avec un égal désir de vaincre; les anglais ayant à défendre leur territoire et leur pavillon, réunissaient tous leurs efforts; les français, victorieux sur terre, voulaient soutenir sur mer leur brillante réputation; le combat dura trois heures quarante-cinq minutes avec un acharnement dont on n'avait encore vu que peu d'exemples; la frégate la Loire soutint d'abord trois combats, dont un avec toute la division et deux particuliers, dans l'un desquels elle avait eu l'avantage; mais au troisième, elle se trouva engagée avec un vaisseau carré nommé l'*Anson*, et fut forcée d'amener après avoir eu tous ses mâts renversés, ses vergues brisées; en un mot, rasée comme un ponton. Ce fut dans cet état honorable qu'elle fut traînée en Angleterre. La Résolue, quoique coulant bas d'eau, même avant la rencontre de l'ennemi, ne fit pas une moindre résistance.

Bompart montait le vaisseau *le Hoche*, qui soutint long-temps le combat le plus terrible; il fallut qu'il résistât pendant plus de trois heures contre quatre vaisseaux de ligne anglais et une frégate. Les officiers et les soldats de terre et de mer firent des prodiges de valeur ; mais à la fin, il fallut céder au nombre. Déjà le vaisseau avait cinq pieds d'eau dans la cale lorsqu'il fut amariné ; le poste des chirurgiens était tellement encombré de blessés, qu'il n'en pouvait plus recevoir ; toutes les manœuvres étaient coupées, les voiles en lambeaux, les batteries presque toutes démontées. Trois fois les gaillards avaient été complètement balayés, les sabords de la première et de la deuxième batteries ne formaient plus qu'un ; les mâts et les vergues, extrêmement endommagés, menaçaient d'écraser l'équipage par leur chute ; enfin réduit à l'impossibilité de gouverner, prévenu pour la seconde fois qu'il n'y avait plus de place au poste pour les blessés, ne pouvant plus compter sur le secours des frégates, forcé de céder au nombre qui l'accablait, le chef de division *Bompart* se détermine à enlever le pavillon national, après en avoir défendu l'honneur avec une intrépidité digne d'un meilleur destin…. Cette glorieuse résistance valait la victoire elle-même. *Bompart*, prisonnier des anglais, reçut de leur part des témoignages d'estime, pour la bravoure qu'il avait montrée dans le combat. Lorsqu'il fut rendu à sa patrie, elle lui confia un commandement dans l'armée navale de *Brest.* Il a commandé depuis le superbe vaisseau le *Formidable*, alors, dans le port de *Toulon.*

Patriotes?... *Bompart* est cher aux marins Français, sa gloire est irréprochable!

BON, *Républicain.*

Malgré la haine et l'envie qui conspirent contre vous, recevez l'hommage de la reconnaissance nationale, braves guerriers qui, presque tous moissonnés dans la fleur de l'âge, avez assez vécu pour l'immortalité, mais trop peu pour votre patrie. Morts illustres, noms célèbres, vous serez placés à côté de tous les noms que les siècles sont accoutumés à révérer! Un temps viendra où le souvenir de vos exploits, rendu plus vénérable encore, par l'ancienneté, nos neveux, que dis-je? le monde entier ventera cette incroyable bravoure des soldats de la liberté.... Un temps viendra où l'on gravera avec respect, sur le marbre et sur l'airain, les noms immortalisés par une foule d'actions d'éclat. Heureuses les familles qui y trouveront les leurs! alors les historiens les conserveront dans leurs pages fidèles; les poëtes les célébreront dans leurs chants divins, et les musiciens les feront voler de bouche en bouche à nos derniers neveux.

Semblables à ces guerriers généreux, qu'une mort fatale enlève dans les combats, le général *Bon*, né à Valence (Drôme), s'endormit au sein de la gloire, après avoir servi la patrie; les mêmes lauriers couvrent sa tombe; la même place l'attend dans les fastes militaires de la France, et dans le cœur de ses concitoyens.

Le général de division *Bon*, qui avait acquis tous les grades par son courage, fut blessé dans les plaines de *Syrie*, et mourut universellement regretté de ses braves frères; les habitans de la ville de Valence, où il avait reçu le jour, se sont empressés, d'élever à sa mémoire, un monument qui rappele le dévouement, la vie glorieuse, et la mort illustre de leur concitoyen.

BONAPARTE NAPOLEON.

Il aimait la gloire.... il fut victime de son ambition.... toujours fidèle aux idées gigantesques qui tourmentaient son ame, il voulut en dix ans opérer le grand œuvre de sa folle imagination; il fallait des millions d'hommes, un demi-siècle, et trois générations, pour en assurer le triomphe.

Des succès inouis et des revers plus extraordinaires encore, ont fait sa rénommée; c'est aux siècles futurs qu'il appartient de chercher quels furent les causes de son élévation et de sa chute; c'est eux qui diront à nos neveux, s'il mérita le nom de grand que ses partisans lui ont donné, ou de brigand, par lequel ses ennemis doivent le qualifier.

BONAPARTE (Joseph), *Bonapartiste.*

Il aime son frère, il a suivi sa fortune, il partage toute l'horreur de sa chute. *Napoléon* plaça sur sa tête le pesant fardeau d'une couronne.... Tout courbé sous le joug il dut céder. *Naples* et *Madrid* le virent accablé.... Cherchant à se distraire de fonctions pénibles et décourageantes, il voulut joindre les myrthes de l'amour aux lauriers de la gloire, il lui fut permis de cueillir ces myrthes, si chers aux cœurs sensibles, et dans le sein des plaisirs que procurent l'amour, l'amitié, les arts, il offrit quelquefois en sa personne l'homme aimable et le prince débonnaire. C'est à regret qu'il suivit les braves qui combattaient pour lui, ses yeux étaient baignés de larmes.... aussi amères que celles qui coulent des yeux des rois citoyens.... Le jour où la force le priva de sa couronne fut pour lui un jour de fête.... Si la reconnaissance à pu l'enchaîner aux ordres de son frère, il est encore plus ami du repos, de la paix, de la vie paisible. On n'a à lui reprocher ni crime ni violence, ni actes arbitraires. On a dit de lui : « les peuples qu'il a gouverné *rient* beaucoup du roi de *Naples* abandonnant son royaume; et du roi de *Madrid* fugitif, mais personne ne seplaint de lui. »

BONAPARTE (Louis.),

Encore une victime de l'obéissance.... Louis eut le malheur d'être roi. Le palais des souverains des États-Unis vit ce père de famille, sans faste, sans ostentation, au milieu des bons hollandais, vivre bourgeoisement et même se faire aimer.

La fortune capricieuse et la volonté de son frère le firent descendre du trône; dès cet instant il jouit de lui-même et fut heureux. Le silence des bois, la verdure des prairies et les campagnes fertiles, plaisaient plus à son cœur que les lambris dorés, l'éclat du trône, et la pompe des cours. Il vint chercher une retraite dans des contrées lointaines et hospitalières.... Il aurait voulu mourir dans sa patrie, le destin barbare qui l'avait fait roi, ne veut pas même lui accorder cette douce satisfaction.

BONAPARTISTES.

Une étonnante renommée attache encore les hommes exaltés à ce personnage toujours extraordinaire, que tour-à-tour le génie du mal et celui du bien semblèrent maîtriser; il parlait de la gloire à des français, et les soldats de la patrie, en chantant, s'empressaient de cueillir les cyprès de la mort ou le laurier de la victoire; il osait prononcer le mot *patrie*, et tout français qui sait l'aimer oubliait ses malheurs, pour faire de nouveaux sacrifices et se dévouer pour elle. Cet inconcevable délire, qui fait des prosélytes, même à la tyrannie, environnait Napoléon!.... mais le voile est tombé, la raison a repris ses droits. Non, il ne doit plus y avoir en France d'autres enthousiasme que pour la patrie, d'autre amour que pour le prince légitime que le ciel nous a rendu. Ramenons par la douceur, par la bonté, nos concitoyens encore exaltés.... Ce n'est pas une aveugle fidélité, l'exaltation des idées qu'il faut blâmer.... C'est l'entêtement qui pourrait survivre encore; c'est la haine, la vengeance, l'esprit de parti qu'il faut anéantir, par l'observation des lois protectrices, par l'oubli des injures reçues, par une réconciliation réciproque.

BONNAUD, *Patriote*,

Le général de division *Bonnaud*, fut un de ces guerriers qui contribuèrent au succès des premières campagnes de l'armée française, à l'armée du nord et d'Allemagne. Il avait embrassé de bonne-heure la carrière des armes ; la guerre lui offrait l'occasion d'être utile à son pays, il crut qu'il était de son devoir de se placer parmi les soldats français. Par ses talens et son audace, il prouva bientôt qu'il était digne du commandement. Bonnaud suivit le général Pichegru dans la conquête de la Hollande ; ce fut la division qu'il commandait qui passa le *Waal* glacé, et força les lignes de *Breda*. Ce fut lui, qui, le premier, entra dans la Haye à la tête d'un escadron de hussards. Le général *Bonnaud* passé à l'armée de Sambre-et-Meuse, rendit d'importans services ; la prise de *Cassel* fut due à son courage et à son intelligence. Peu de temps après, il périt au champ d'honneur, et par sa mort glorieuse, couronna une vie qu'il avait consacrée toute entière à sa patrie. Tous les officiers le regrettèrent ; la brave armée de Sambre-et-Meuse, à laquelle il avait donné si souvent l'exemple de la discipline et de l'intrépidité, s'empressa d'honorer sa mémoire. Aux fêtes nationales, son buste fut placé parmi ceux de Dugomier, de Marceau, de Laharpe, etc... qui, comme lui, périrent au milieu des combats ; et dans nos fastes militaires, son nom s'unit glorieusement au titre de *Nestor* français, qui lui fut donné par tous ses compagnons d'armes.

BOUDET, *Patriote*.

Cet officier général, né à Bordeaux, commença à servir très-jeune. Il avait su obéir, il sut commander. Simple dragon dans le régiment de *Penthièvre*, il parvint au premier grade par son zèle, ses talens et son dévouement. Il servit en Europe et en Amérique; et les généraux en chef lui durent quelquefois la victoire. Il coopéra à la conquête de la Martinique. Il revint en France et servit en Hollande, puis en Italie; il repassa en Amérique, et se rendit très-utile, lors de la conquête de Saint-Domingue.

BOUGAINVILLE (Louis-Ant.), *Patriote*.

Il est plus d'un genre de courage qui fait l'admiration des hommes. Si la bravoure du guerrier fixe sur lui les regards, quel sentiment d'admiration ne doit pas inspirer l'intrépidité du marin voué aux découvertes! A la guerre, tout anime et soutient : l'appareil, l'exemple, la foule des spectateurs; et pour ces jours des dangers brillans, il en est cent de jouissances flatteuses à l'amour propre. Enfin, si le guerrier périt, c'est au milieu des siens, et le laurier couronne l'urne où sera déposée sa cendre. Mais le navigateur est isolé; c'est dans le plus vaste des déserts, entre le ciel et les flots souvent ennemis, qu'il lui faut combattre des dangers terribles et sans cesse renaissans; c'est dans tous les instans dont se composent les jours, les mois, les années, qu'il faut un courage froid, une confiance inaltérable; et de plus, il sait que si, après une longue suite d'efforts couronnés par le succès, il périt à la fin, peut-être de son entreprise, il n'en restera pas plus de traces que son vaisseau n'en l'aissa sur cette onde, qu'il a sillonnée. Hélas! savons-nous où adresser nos chants funéraires en faveur de l'illustre Lapeyrouse.

Nudus in ignota, palinure,
Jacebis arenâ.

C'est ce genre de courage, qui distingue particulièrement la vie de M. De *Bougainville*. Son voyage autour du monde, le premier de cette espèce, entrepris par des français, a, depuis long-temps, marqué sa place parmi les hommes chers à la patrie. Le souvenir de ses services, est maintenant lié à la mémoire de ces navigateurs célèbres, qui ont fait le généreux sacrifice de leur vie pour faire faire un pas de plus à la science de la navigation, et enrichir leur nation de leurs précieuses découvertes. Mais plus heureux que *Cook* et *Magellan*, qui suivirent la même carrière; le destin, pour récompense de ses travaux, lui a réservé la satisfaction de jouir vivant, de la reconnaissance de ses compatriotes. Encore ému par le tableau, des dangers qu'il a couru sur les mers ; admirateurs zélés de tant de dévouement et de gloire, louons *Bougainville*, et que notre hommage survive à ceux des marins de tous les pays, et de l'heureuse patrie qu'il éclaira de ses lumières.

Digne élève de *Dalembert*, M. De *Bougainville* fut, dès sa jeunesse, introduit dans le sanctuaire des sciences ; il publia, de bonne-heure, un ouvrage sur la géométrie, qui fut accueilli favorablement du public. Ce premier succès redoubla son ardeur pour le travail, et lui fit vivement désirer le moment où ses forces, égalant son courage, lui permettraient de joindre la pratique, aux préceptes de la théorie. A travers des périls sans nombre, son imagination lui présentait dans une perspective lointaine, la gloire qui devait illustrer son nom ; et guidé par cette audace qui n'appartient qu'aux hommes de génie, il s'élança dans l'immensité des mers aussitôt que l'occasion favorisa ses désirs, et confia sa destinée aux vagues incertaines, résolu d'aller visiter, sous un autre climat, des peuples jusqu'alors inconnus.

M. De *Bougainville*, en 1763, fut chargé par le ministère, de faire un établissement aux îles *Malouines*; il avait réussi, au-delà de ses espérances, lorsque l'Espagne révendiqua ces îles, comme une dépendance de l'Amérique méridionale.... Ce fut ce brave marin, lui-même, fondateur de la nouvelle colonie, qui remit cet établissement aux espagnols; il se rendit ensuite aux Indes orientales, en traversant la mer du *Sud*, entre les tropiques. Les vrais amis de l'humanité, ont lu, avec le plus vif intérêt, la relation que ce marin philosophe, à donné, lui-même, de son voyage; ils ont admiré cette bonté de cœur, cette simplicité de mœurs, ces sentimens généreux, ce désintéressement qui le distinguaient. Les savans rendirent hommage à ses observations, à ses découvertes; les gens de lettres, au goût qui conduisit sa plume. Qui n'a pas applaudi à cette charmante description de l'île de *Taïti?* aux détails remplis d'intérêt dans lesquels il est entré sur les mœurs et les usages de ses habitans; qui n'a pas frémi au récit des dangers et des fatigues que sut braver son courage? L'admiration s'arrête sur ces vertus, qui font le grand homme; mais il reste encore à rendre hommage à la bonté de son cœur; on le voit au milieu des braves marins qui s'unirent à ses travaux, comme un père au milieu de ses enfans, les animant, par son exemple, souffrant avec eux la faim et la soif, et se réduisant avec scrupule, à la faible ration qui leur était distribuée, dans des circonstances difficiles,

Adoré des insulaires, *Bougainville* fut le père du sensible *Autourou*, qu'il amena de *Taïti* en France.... avec quelle générosité, quelle bonté, il traita cet enfant de la nature.... Français! sa conduite fut digne d'un philosophe éclairé, parce qu'il n'appartient qu'aux sages de la France, de donner l'exemple des vertus généreuses, et de mettre en pratique les préceptes d'une philosophie littérale... En vain s'efforce-t-on d'avilir ce grand peuple, il s'anoblit aux yeux des sages, par la pratique de toutes les vertus civiles et militaires.

Bougainville fut cher aux marins, lors de la violente insurrection qui éclata sur l'escadre de *Brest*, en 1790; il sut, par les charmes de son éloquence, et par ses manières, étouffer la sédition.

M. De *Bougainville* n'est plus, mais le laurier de l'*institut* ombrage sa tombe, et la toge sénatoriale couvre son cerceuil; il avait mérité le laurier par ses talens, il avait conquis la toge par sa sagesse, et la confiance qu'il avait inspirée aux gouvernemens et aux gouvernés.

BOULAY-DE-LA-MEURTRE, *Républicain-Constitutionnel*.

Des talens, du zèle, du patriotisme. Il a été représentant du peuple dans des temps orageux, et conseiller d'état dans des jours de gloire; il a été calomnié, il doit l'être encore. L'esprit de parti pardonne difficilement, à la constance, à la fidélité des hommes qui ont paru avec éclat, au milieu des tourmentes politiques. Sous tous les gouvernemens, on sert la patrie, quand on ne veut que sa gloire et sa prospérité.

BRAVES (les).

Les fils de la gloire ont tous la bravoure en partage.... Les français sont les fils aînés de cette brillante déité.... on veut leur disputer en vain ce beau droit d'aînesse. Peuples rivaux, vainqueurs ou vaincus tour-à-tour, le temps seul, sur ses ailes, doit porter à nos neveux le jugement de la postérité. A qui peut-il être favorable aux peuples conjurés! ou à la nation grande, même, jusques dans sa défaite. Siècles futurs, prononcés!

Les braves, morts ou vivans se pressent dans notre faible ouvrage; c'est le tribut que nous offrons à nos guerriers, au magistrat intègre, au citoyen qui, dans ses erreurs même, s'est montré fidèle à la patrie; les lâches, les flatteurs, les ennemis de leur pays ne trouveront point une place dans cet ouvrage. Il est des braves aux armées, au sénat, à la cour; dans l'atelier de l'artisan, et sous la chaumière du pauvre. Celui qui fut sans erreur, comme celui qui fit des fautes, même graves, ont droit à notre hommage, car on dira de nos braves : « ils le furent au jour des batailles, pendant la tourmente révolutionnaire, au milieu des tempêtes politiques, malgré la faveur, les honneurs et l'or ; ils furent toujours constans, toujours avec le même visage et le même œil... ils ont tout quitté, tout perdu, tout sacrifié.... ils ont su braver les poignards de la haine et de l'envie, même de la calomnie.... voilà les vrais braves. »

BRUIX, *Patriote-Constitutionnel.*

Eustache *Bruix*, né en 1770, fut élevé à Paris au collége Mazarin, où il se fit remarquer par des talens précieux, et un goût décidé pour peindre des vaisseaux et des matelots. Son père le destinait au service de terre, mais la nature l'appelait à celui de mer : on prétend qu'elle lui avait fait un don rare et précieux ; dans sa jeunesse, il avait la vue si bonne et si perçante, qu'il découvrait, avec le seul secours de ses yeux, ce que les marins les plus clair-voyans n'apercevaient pas, même avec des lunettes.

Après avoir fait de brillantes études, pendant tout le cours de l'an 1770, il se mit à même d'être reçu dans le corps militaire de la marine. Le vif amour de la gloire ne lui permit pas de solliciter des protecteurs. On ne parlait alors, que de belles actions du capitaine américain *Wilck*; il suivit ce célèbre marin, et se forma à son école. Il servit avec distinction, sous les amiraux *Dorvilliers*, *De Grâce* et *Destaing*. En 1792, il commanda un vaisseau de 80 canons. Privé de servir l'état, il fut obligé d'abandonner son commandement ; il se retira dans un lieu champêtre, et solitaire ; c'est là qu'il composa un petit ouvrage ayant pour titre : « *Essai sur les moyens d'approvisionner la marine, par les seules productions du territoire français.* » Après le règne de la tyrannie décemvirale, il reprit du service, et fut successivement nommé major général de la marine, chef des mouvemens du port de *Brest*. Il venait d'être élevé au grade de vice-amiral, lorsque le 8 floréal de l'an 6 il fut nommé par le directoire, ministre de la marine.

BRISSOT, *Constitutionnel en délire.*

Conventionel..... il eut une grande influence dans cette assemblée qui fit tous les maux de la France ; il avait persécuté, il fut persécuté à son tour. Placé dans les rangs des patriotes, qui furent bientôt divisés entr'eux, il fut fidèle à son parti ; et sur l'échafaud où il perdit la tête, il dut expier ses erreurs, et apprendre aux hommes fidèles comme il faut savoir mourir.

Député à la première législature et à la convention, *Brissot* montra quelque talens à la tribune ; ses opinions, dans les journaux, font connaître, encore aujourd'hui, ses erreurs.... *Brissot* à péri sur l'échafaud ; il fut un des premiers auteurs de la révolution, et par ses opinions, et par son influence, sur son parti ; il en fut la victime. Tel sera toujours le sort des hommes qui se jettent à travers les tempêtes politiques, et veulent diriger la foudre prête à éclater.... elle tombe, et les écrase.... La patrie après leur mort, ne voit plus que les maux qui l'accablent ; elle leur pardonne rarement.

BROGLIE (Victor), *Patriote - Constitutionel.*

C. L. Victor *Broglie*, était né prince ; il tenait, disent les auteurs de la galerie militaire, le premier rang, dans cet ordre de la noblesse qui, sous la monarchie, offrait, dans les membres qui la composaient, le monstrueux assemblage de toutes les vertus et de tous les vices, de tous les talens, et de l'ignorance la plus complète, de l'orgueil le plus insoutenable, et la plus aimable philantropie, la plus basse soumission aux volontés du monarque, et la plus noble fierté, jointes à des principes d'une sage philosophie, et au véritable amour de la patrie.... Une brillante éducation fit valoir les heureuses dispositions dont la nature avait doué le jeune *Broglie*. Sa naissance l'appelait à la défense de la patrie : il était colonel du régiment de *Bourbon*, lorsque le roi convoqua les états-généraux, et voulut rendre aux lois leur ancienne vigueur, à la monarchie sa primitive splendeur, une patrie à tous les français; au commerce, au finances, à l'agriculture, tout leur éclat.

Victor *Broglie* fut élu membre des états-généraux, par la noblesse d'Alsace; il vint s'asseoir parmi les membres de cette assemblée à jamais célèbre, qui jeta les premiers fondemens de la liberté en France, essaya de mettre en pratique la théorie d'un système philosophique, si vanté par les écrivains et les publicistes du siècle dernier, développa de grandes vues ; beaucoup d'énergie, de civisme, et d'amour pour la patrie. Assis au milieu des réprésentans de la nation, Victor *Broglie* prit pour but de sa conduite et de ses opinions, le bien public, la gloire de la patrie, la splendeur de la monarchie, et l'intérêt du monarque. On le vit toujours voter avec les amis de la vraie liberté, qui voulaient le triomphe des lois, la réforme des abus, et qui auraient rougi de se laisser maîtriser par les corruptions des factions, l'orgueil des principes, et une ambitieuse cupidité.

Les orages se sont accumulés sur la France, et ont amené de funestes résultats; parmi ceux que la force des circonstances ont forcé d'abandonner la patrie, ont distingue le vainqueur de *Berghen*, le vieux maréchal de *Broglie;* le fils prend la défense de son père, il réussit; et sa piété filiale est récompensée. Le 14 août 1791, il fut nommé président de l'assemblée constituante.

Victor *Broglie* fut appelé au commandement de nos armées, en qualité de maréchal-de-camp et chef de l'état-major de l'armée du Rhin... c'est alors qu'il fit paraître un mémoire sur la défense des frontières de la France et du Rhin, qui obtint les suffrages des militaires instruits.

Victor *Broglie*, crut pouvoir prêter le serment exigé des officiers de l'armée, après la journée du 10 août 1792; mais ayant offert sa rétractation, il fut destitué. C'est alors que les ennemis de cet officier général ont réuni tous leurs efforts..... sa perte est jurée; le jour de la vengeance approche; il est arrêté dans le département de la *Saône*, mis en prison, traduit au tribunal révolutionnaire le 9 messidor de l'an 2; livré au glaive des bourreaux, et à l'âge de 37 ans, il avait cessé de vivre, après avoir fourni une belle carrière, servi la patrie et s'être montré législateur intègre, brave soldat et bon citoyen.

BRUEYS, *Patriote*.

Brueys, dont le nom est lié au souvenir du plus fameux combat dont les annales de la marine française ayent encore fait mention, s'était élevé par ses connaissances, ses talens, et par une suite de service, au grade d'Amiral. Cet officier rendit de très-grands services à notre marine. Il commandait l'escadre qui transporta l'armée d'*Orient* en Egypte. Au célèbre combat d'*Aboukir*, l'amiral *Brueys* fut blessé à la tête et à la main, sur le vaisseau l'*Orient* de 120 canons. Cependant il continuait de commander et d'animer son équipage, lorsqu'un boulet de canon le coupa en deux; il vécut encore un quart d'heure, et mourut en disant à ceux qui voulaient le conduire au poste des blessés : « Un amiral français doit mourir sur son banc de quart. » On a dit que dans ce combat il avait commis des fautes; mais l'exemple qu'il donna d'un dévouement et d'une valeur héroïque doit, en quelque sorte, lui servir d'excuse et l'acquitter envers sa patrie. Le généreux sacrifice de sa vie qu'il a fait pour expier sa fatale erreur, nous autorise peut-être à dire de lui : *que pour vaincre il ne lui a manqué que de vivre.*

BRUNE, *Patriote-Républicain.*

J'offre mon hommage à la mémoire de cet infortuné maréchal, soldat dès son enfance, qui, confondu dans les rangs des grenadiers, par son intrépidité et sa bonne conduite se fit aimer et admirer de ses camarades, qui l'appelaient comme un autre Latour-d'Auvergne, le premier grenadier français. Le même caractère de bravoure qu'il avait montré lorsqu'il n'était que simple volontaire, le conduisit toujours à la victoire, lorsqu'il fut appelé au commandement des armées. Il avait conquis tous les grades qu'il obtint. Général de brigade, à l'attaque de Vérone, il se jeta à la tête des grenadiers de la soixante-quinzième demi-brigade, sur les pièces de canons ennemis qu'il enleva à la baïonnette. Ce fut à cette affaire meurtrière qu'il reçut sept balles dans ses habits, aucune ne le blessa; c'était un jour de bonheur.

Général, maréchal d'empire, membre du conseil d'état, ambassadeur; malgré ses fautes, *Brune* se montra patriote, sa fin a été cruelle....
Il est mort comme meurent souvent les braves, par les mains de quelques factieux qui servent

non la patrie, non le gouvernement, mais la cause des partis, des passions, et de la vengeance.

Brune n'est plus, que les cyprès des regrets ombragent sa tombe.... Que cet attentat horrible soit oublié; que le nom du maréchal serve à éclairer tous les partis, à réconcilier tous les cœurs; que le sang versé des royalistes et des patriotes ne coule plus sur cette terre infortunée. mais que l'olivier de la paix et de la réconciliation naisse en ces lieux; qu'il dérobe à tous les regards les crimes des peuples, et les horribles meurtres des factieux; qu'en France on ne puisse plus voir que des sujets fidèles à leur roi, qu'un Roi, le père de ses peuples; et que la discorde à jamais bannie, laisse à la douce paix le soin de sonner l'heure de la réconciliation, de l'obéissance et de l'amitié.

C.

CAFARELLI (dufalga), *Patriote constitutionnel.*

Louis-Marie-Joseph-Maximilien Cafarelli *Dufalga*, naquit au Falga, canton de St.-Félix (Haute-Garonne), le 13 février 1756, de parens honnêtes et vertueux qui faisaient leurs délices des occupations rurales et de l'éducation de leur famille. Après avoir recueilli les derniers soupirs de sa mère, Dufalga, l'aîné de dix enfans, dut se déclarer leur père et leur bienfaiteur. Il était officier d'artillerie. Après la journée du 10 août, on avait demandé aux officiers de l'armée leur soumission pure et simple aux décrets de l'Assemblée nationale; Cafarelli Dufalga ne put méconnaître l'autorité de cette assemblée; il déclara que sa résolution était de combattre les factieux de toute espèce, qu'il marcherait également contre les ennemis extérieurs et intérieurs, et contre Paris même s'il était commandé. Au camp, à l'Assemblée nationale, dans toute la France, il ne fut question que de Cafarelli *du Falga*, que de son audace, ou plutôt de son courage, des dangers qu'il avait à redouter et des peines qui pouvaient lui être infligées. Cet officier, qui jouissait d'une réputation distinguée par son mérite personnel, ses principes philosophiques et ses vertus civiques, fut suspendu de ses fonctions; mais quelque temps après il fut pleinement justifié. En l'an 4, il fut réintégré dans son grade et placé à l'armée de Sambre-et-Meuse commandée par le maréchal Jourdan. Le 16 frimaire, dans la retraite de l'armée vers les bords de la *Nahe*, à côté du général *Moreau*, il fut atteint d'un boulet à la jambe gauche, dont il souffrit l'amputation. Le lendemain il écrivit au général en chef une lettre sur les moyens qu'il jugeait les plus propres à contenir l'ennemi; son conseil fut suivi, et un détachement dont on redoutait la perte fut sauvé. Il fut employé à l'armée d'Orient, et suivit nos soldats dans le désert avec sa jambe de bois : il était un des douze mille braves qui s'enfoncèrent dans les sables pour aller châtier l'insolence du pacha de Syrie. C'est au siége de Saint-Jean d'Acre que, dans la tranchée, Cafarelli fut frappé d'une balle qui lui fracassa le coude. Sa blessure était grave, elle nécessita l'amputation du bras, les accidens augmentèrent, Cafarelli rendit le dernier soupir. Cet officier en mourant fut universellement regretté: l'armée perdit un soldat aussi brave qu'actif, un chef de génie que l'expérience devait rendre un jour un des premiers de son arme, et qui fut cher à l'école du génie, à la gloire, à la patrie.

Cafarelli *du Falga* a laissé des frères héritiers de son nom, de sa gloire et de son patriotisme.

CAMBACÉRÈS.

Jean-François-Regis *Cambacérès*, né à Montpellier, fils de M. de Cambacérès, maire de cette cité célèbre, suivit dès sa plus tendre jeunesse la carrière du barreau. Avocat, il fut conseiller à la cour des aides de Montpellier, et lorsque la révolution eut appelé à Paris les choix du peuple, il vint à l'Assemblée législative prendre la place qui lui était désignée.

Des connaissanees profondes dans la législation, une éloquence naturelle, beaucoup de facilité, lui firent obtenir la confiance et l'estime de ses collègues; il fut membre du comité de législation et eut une grande influence sur la formation des lois. Il s'opposa souvent à l'adoption de celles qui étaient désastreuses; mais il le faisait avec calme, sans passion, et comme persuadé qu'il ne serait pas écouté : son opposition ne pouvait offenser, même les chefs de parti, parce qu'en proposant ses objections, il le faisait avec sagesse, sans affectation, sans colère et sans obstination. Souvent à la tribune, il obtint les plus beaux triomphes. On se rappelle cette journée où, repoussant la calomnie, il obtint de la grande majorité de ses collègues, un ordre du jour, sur une dénonciation faite avec beaucoup d'astuce et tendante à éloigner un homme probe du sein de l'Assemblée.

Tous les gouvernemens révolutionnaires ont cherché à placer dans leurs rangs M. de Cambacérès; mais il n'a jamais voulu servir que la patrie; ayant une excellente judiciaire, il connaissait bien les hommes et son siècle, il a vu toujours bien, et sa prévoyance aurait été utile si on avait daigné l'écouter.

M. de Cambacérès a terminé sans doute sa carrière politique, et personne ne peut se plaindre de lui, il n'a point de crime, pas même d'erreurs à se reprocher. Attaché aux gouvernemens qu'il a vus tour à-tour paraître et tomber, il y tenait parce qu'il voulait une fin à la révolution, qu'il désirait la paix, qu'il la provoquait et par ses actions et par ses vœux, et qu'enfin il était fait pour la place éminente où le sort l'avait placé. On avait dit de lui quelque part qu'il n'était pas fait pour servir des factieux, et qu'il avait trop d'esprit pour se déclarer en leur faveur. M. de Cambacérès a fait tous ses efforts pour pacifier sa patrie, pour la voir fortunée, ce n'est pas sa faute s'il n'a pas été secondé.

M. de Cambacérès a été calomnié, et c'était par ce seul moyen qu'il était possible de lui ôter la confiance publique... Il a opposé aux traits envenimés de ses ennemis, la modération, la patience, la douceur : il s'est moqué des sarcasmes, des méchancetés incovenantes et déplacées de ses adversaires... Calme et tranquille dans la retraite, il ne s'occupe plus que de faire des vœux pour la prospérité publique, le triomphe des gens de bien et le retour de l'ordre et de la paix sous le gouvernement d'un bon roi.

CANCLAUX, *Patriote constitutionnel.*

Né à Paris le 2 août 1740, Jean-Baptiste-Camille *Canclaux*, issu d'une famille noble, fut dès sa jeunesse destiné au service militaire. Avant la révolution, il commandait dans les départemens qui formaient la ci-devant Bretagne. Il fit la guerre dans la Vendée : par sa vigilance et son zèle dans ces contrées ravagées par la guerre civile, il trompa l'espoir des factieux, maintint l'ordre dans les communes et les campagnes, fit respecter les lois et l'autorité. C'était alors un temps pénible pour les gens de bien et favorable aux intrigans et aux ambitieux; la tourmente révolutionnaire agitait le vaisseau de l'état, les citoyens épouvantés cherchaient envain un pilote habile, un port assuré; le naufrage était inévitable, des cris de mort retentissaient de toute part, chaque parti courait aux armes; le vainqueur, le jour du triomphe choisissait ses victimes, et à son tour, lorsqu'il était vaincu, il était sacrifié. Le sang français, répandu à grands flots, arrosait ces campagnes autrefois si fortunées, et la *Vendée* était le théâtre du carnage, de la haine et de la vengeance. *Canclaux* n'eut aucun reproche à se faire, il quitta ces contrées, estimé de tous les partis. Général, ambassadeur, membre du sénat et pair de *France*, il a toujours été ami de l'ordre, des lois, de la patrie.

CASA-BIANCA, *Patriote.*

Ce nom rappelle de douloureux souvenirs. Il n'est plus, ce Casa-Bianca, qui fut membre d'une de nos assemblées nationale et qui commandait le vaisseau amiral *l'Orient*, de cent-dix canons lors de la bataille d'Aboukir, et les regrets de nos marins, et leurs souvenirs accompagnent encore sa mémoire. Dans ce combat mémorable, les Français firent des prodiges, l'amiral Brueys venait de recevoir le coup mortel, le capitaine du vaisseau *l'Orient* est blessé mortellement à la tête par un éclat de bois; au même instant le feu prend au vaisseau et tous les moyens pour l'éteindre sont inutiles. Ce fut alors le moment du triomphe de la piété filiale; Casa-Bianca avait à ses côtés son fils âgé de dix ans, de la plus belle espérance. Depuis le commencement du combat, cet aimable enfant ne cessait de donner des preuves de son intelligence et de son courage. Son père était renversé sur le pont, il le prend entre ses bras, et essaie de le porter sur un mât qu'il espère pouvoir jetter à la mer. On prend ce jeune *Casa-Bianca*, on l'invite à se sauver dans la chaloupe; mais il refuse et ne veut point abandonner son père blessé, il allait s'élencer avec lui dans les flots, lorsque tout-à-coup l'Orient saute en l'air avec un fracas horrible, la mer s'entrouvre et tout disparaît.

O mort digne d'envie! le père et le fils ont reçu la mort, le même coup les a frappés, trop heureux de n'avoir pas vu la perte de notre escadre, la douleur de nos marins et le triomphe des Anglais!

CARNOT, *Républicain*.

L'auteur de l'Eloge de *Vauban*, du Traité des *Corrélation* des *figures* de *géométrie*, celui de l'*Attaque* et de la *défense des places*, n'était point sans connaissances et sans talens; celui qui le premier guida nos grands capitaines dans les champs de la gloire, et qui pour eux traçait les plans de nos belles campagnes, n'était point sans génie; celui qui dans des temps difficiles, et au milieu des tourmentes politiques, osait, par des opinions écrites, contrarier le vœu des peuples et des chefs du gouvernement n'était point sans caractère, et cependant les ennemis de Carnot, et ils sont en très-grand nombre, disent hautement qu'il est sans talent et sans caractère; *Carnot* n'aurait donc pour lui que le courage de la singularité joint à l'oubli des convenances. On pourrait le croire en examinant sa conduite publique, et en méditant ses écrits... S'il nous était permis de porter un jugement sur cet homme qui a beaucoup de talens, nous en trouverions l'objet dans ses opinions. M. *Carnot* est républicain..., et le désir de voir son rêve réalisé le met souvent en contradiction avec lui-même, il veut amener les gouvernemens à la république, et pour réussir tour-à-tour, il paraît les servir, les combattre, les provoquer, les contrarier... A toutes les époques, il s'est présenté pour combattre les opinions du jour et les principes des chefs du gouvernement alors investis du pouvoir, il leur donnait des conseils, et toujours son arrière-pensée était pour la république ..

Toutes les erreurs de M. *Carnot* proviennent de ses désirs pour l'établissement de cette république, il ne voit de patrie que parmi les *républicains*... L'essai du pouvoir qu'il a fait en sa qualité de membre du salut public; ce qu'il a vu, ce qu'il a entendu, même ce qu'il a souffert, auraient bien dû le dégoûter des républicains et d'une république.

M. *Carnot* a des talens de l'énergie; il aime son pays, ses devoirs; il n'a jamais flagorné le pouvoir, il a avec une noble hardiesse donné des conseils aux gouvernans et aux gouvernés. Travailleur infatigable, il est fait pour les grandes places, mais peu fait pour observer les convenances, pour sacrifier ses idées à la paix intérieure, au bien public, il doit se condamner à la nullité.., et n'être républicain que dans ses écrits.

CARTEAUX, *Républicain*.

En donnant un libre essor aux talens comme aux passions, aux vertus comme aux vices, la révolution française fut entourée d'amis et d'ennemis; il fut difficile de connaître la perfidie des uns, et de distinguer la sévère probité des autres : de-là tant d'arrêts funestes, tant de faux jugemens sur les personnages, tant d'injustices et tant de crimes. Aujourd'hui que le calme doit succéder aux tempêtes, donnons des pleurs au triste sort des amis sincères de leur pays, qui ont succombé, et félicitons ceux qui ont eu le bonheur d'échapper à tant d'orages; que la reconnaissance publique soit le prix de leur dévouement, et la récompense des dangers qu'ils ont couru pour la patrie. Jean-François *Carteaux*, né à Allevant (Haute-Saône), en 1751, fut du nombre de ces hommes qui savent s'élever eux-mêmes, sans s'appuyer du nom ou de la fortune de leurs ancêtres. Fils d'un dragon du régiment de Thianges, il passa ses premières années dans ce corps; son père ayant eu une jambe emportée par un boulet de canon, il le suivit aux Invalides, y vit les chef-d'œuvres de nos premiers peintres, et dit avec le Corrège : « et moi aussi je suis peintre. » Le célèbre *Doyen*, qui travaillait alors aux Invalides, l'adopta pour élève; ses progrès furent rapides; il partagea ce goût de la peinture avec celui des armes, jaloux de se distinguer de plus d'une manière; en passant ses semestres à Paris, il étudiait à l'académie. Le jeune *Carteaux* se fit connaître pour peintre d'histoire, et les amis des arts le forcèrent de quitter les armes pour se faire peintre de batailles; il eut dans ce genre le plus grand succés, parcourut les principales cours de l'Europe, et y fut accueilli avec distinction.

Il revenait de *Prusse* dans son pays natal, lorsqu'il fut nommé au 14 juillet, premier aide-camp de la ville de Paris, adjudant général en 1792, et bientôt après général de brigade; il fut ensuite nommé général de division et fut alors persécuté, incarcéré, et dû sa liberté au 9 thermidor. Fidèle aux vertus militaires qu'il a reçues de son père, au goût passionné que la nature lui avait inspiré pour la peinture, ce brave officier a montré dans toutes les circonstances la franchise du soldat, unie au désintéressement et à la sensibilité d'un homme cher aux beaux arts; il mérita d'être compté avec honneur au nombre de ceux de nos braves qui, dans le cours de la révolution, n'ont eu de passion que celle de la gloire, d'autre but que l'intérêt de la patrie, et le triomphe des idées libérales. Il est mort en 1814.

CASALÈS (de), *Royaliste*.

Il défendit l'antique monarchie et son roi avec un noble courage qui ne se démentit jamais. Député à l'Assemblée constituante, il se fit remarquer par sa constance, par sa fidélité. Il était instruit, éloquent, plein de probité et de franchise : il fut toujours placé dans cette minorité qui voulait le bonheur de la France, mais la conservation de ses usages antiques. Chevalier français, il voulut tout sacrifier pour l'honneur, pour l'intérêt de la patrie, pour son roi. M. de Casalès est mort et n'a point eu le bonheur de voir la restauration.

CASOTTE, *Royaliste*.

Vieillard vénérable; il aimait son roi avec cet amour que l'on portait au bon Henri, avec cette vénération et ce respect dont le sire *Joinville* nous offrit le tableau, lorsqu'il parloit du St. Roi de Louis IX, ou des chevaliers français armés pour la croix, et captifs chez les sarrazins. *Casotte* appartenait à la secte des illiminés; mais avait l'âme française; ses opinions étaient subordonnées à l'amour de son pays. *Casotte* fut la première victime de la tyrannie révolutionnaire;

il mourut sur l'échafaud avec ce courage que donne la vertu; mais si son âme fut assez forte pour ne pas proférer une seule plainte, ah! combien il dut s'attendrir à l'aspect de sa jeune fille, qui ne voulut point l'abandonner, qui entendit l'arrêt prononcé contre son père, et ne put le quitter que lorsqu'il fut entre les mains de ses bourreaux, au milieu d'un peuple égaré, et toujours l'apologiste du parti vainqueur. O triomphe de la piété filiale! ô véritable amour de la patrie et de son roi! recevez aujourd'hui notre hommage, et acceptez le tribut de notre reconnaissance, et de notre admiration!

CAULAINCOURT (A. A. L.), *Bonapartiste.*

Issu d'une famille illustre, ayant l'exemple de ses aïeux à imiter; fils aîné du sénateur de *Caulaincourt*, le 8 octobre 1788, il se plaça dans les rangs des guerriers français, et entra, en qualité de cavalier, au 7e régiment, le 20 mai 1792. Il était officier d'état-major de la division du lieutenant-général *Harville*. Ayant été destitué en 1793, avec tous les officiers qui appartenaient à l'ancienne noblesse de France, il prouva qu'il aimait la gloire et son pays; le 24 avril 1793, il vint se placer comme volontaire au 17e bataillon, à Paris; réintégré en l'an 2, à raison de son zèle, de sa bonne conduite, et de ses connaissances militaires, il fut réintégré en qualité de capitaine dans les troupes à cheval, fut nommé aide-de-camp du général en chef *Aubert-Dubayet*, dont il partagea les travaux pendant la campagne de l'an 3.

M. Armant de *Caulaincourt* n'ait malheureusement que trop célèbre; il fut l'instrument dont on se servit pour l'exécution d'une de ces meurtres digne des temps révolutionnaires.

Il fut une époque où M. de *Caulaincourt* fut comblé des bienfaits de *Napoléon*, il pouvait alors s'excuser d'avoir exécuté les ordres de celui qu'il regardait comme le chef du gouvernement, et cependant M. de *Caulaincourt* père, et son fils, ne parlaient de cet événement que pénétrés de douleur, et n'ayant d'autre objet que de se justifier aux yeux de leurs contemporains; le guerrier ne peut qu'obéir, M. de *Caulaincourt*, en obéissant, à des ordres qu'il ne lui était pas possible de connaître qu'après l'exécution, était-t-il réellement coupable? Soldats contemporains, c'est à vous seuls à juger votre frère d'armes.

CAULAINCOURT (C. L.), *Royaliste-Constitutionel.*

Gabriel-Louis de *Caulaincourt*, né au château de l'Echelle, situé dans la ci-devant province de Picardie, appartenait à une de ces anciennes familles de France, dont l'origine est peu connue; il était fils de M. de *Caulaincourt,* maréchal-de-camp et cordon-rouge, qui, sous le règne de Louis XV, servit avec distinction, et avait eu plusieurs chevaux tués sous lui en divers combats.

Pendant les temps révolutionnaires, M. de *Caulaincourt* se montra l'ami de la discipline militaire; mais il eut la douleur de voir l'esprit d'insurrection s'emparer d'une partie d'un des régimens qui étaient sous ses ordres : il dut punir les coupables, et le fit avec sagesse et célérité.

Le 13 mai 1773, ce guerrier, bien convaincu qu'il lui était impossible de résister à l'orage et aux tantatives des factieux, donna sa démission.

Sous le règne de *Bonaparte,* il fut nommé membre du sénat-conservateur. Il est mort dans ses fonctions emportant l'estime, et les regrets de tous les membres du sénat.

CAULAINCOURT (Auguste de), *Bonapartiste.*

Le plus jeune des fils du sénateur de *Caulaincourt;* il servit dans la révolution, fut fait colonel du 15ᵉ régiment de dragons, premier écuyer de Louis *Bonaparte,* fut élevé au grade de général de brigade, et mourut au champ d'honneur, où il fut frappé en combattant avec intrépidité. Son dernier soupir fut pour son pays.

CERVONI, *Patriote*.

Il a combattu pour la patrie, et fut le compagnon d'*Augereau*. Cet officier général qui, en l'an 2, lorsque la carrière était ouverte à la bravoure et aux talens militaires, servit la France, et par son courage et ses talens; *Cervoni* était né en 1768, à Soéria, petite ville du département du Golo, en Corse; à l'époque de la révolution il embrassa la carrière des armes, obtint de l'emploi, et partit pour l'armée des Alpes. C'est devant *Toulon* qu'il trouva des ennemis à combattre, de la gloire à acquérir, et des services à rendre à son pays.

Il fut de l'armée d'Italie, et se trouva au fatal passage du pont de *Lodi*, où la mort, par millier, choisissait ses victimes.

Le général *Cervoni* fut à Rome servir son pays; il a commandé depuis en France la huitième division militaire.... Cet ami des lois, de la tranquillité publique, des vertus paisibles, n'existe plus.

CHABRAN, *Patriote*.

Chabran (Joseph), né à Cavaillon (Vaucluse), le 22 juillet 1765, avait reçu une excellente éducation, et à l'époque de la révolution, il appartenait à une corporation séculière, particulièrement consacrée à l'éducation de la jeunesse; livré à l'étude, il était bien loin de penser qu'il se ferait un nom distingué dans la carrière des armes. La France est armée, et bientôt elle le voit au nombre de ses défenseurs : également propre à la servir, et dans les cités et dans les camps, il embrassa le parti des armes pour lequel il se sentait la plus vive inclination. Ses compatriotes lui donnèrent un témoignage d'estime particulière, en lui déférant l'honneur de les commander; il se rendit à leurs vœux, et fut nommé, le 4 août 1792, capitaine au 5ᵉ bataillon des Bouches-du-Rhône. Il fit toutes les campagnes de l'armée d'Italie, sous les généraux français les plus célèbres; il se trouva et se distingua au fameux passage de *Lodi*. Après la paix de Campo-Formio, il fut appelé à des fonctions législatives; mais le terme de sa carrière militaire n'était pas encore arrivé, il fut chargé de pacifier les départemens des Basses-Alpes et des Bouches-du-Rhône, et d'y ramener l'ordre et l'obéissance aux lois; il prouva bientôt, dans cet emploi difficile, que l'alliance du courage à la modération est l'unique moyen d'étoffer les discordes civiles. *Chabran* fut rappelé à nos armées, et se couvrit d'une gloire nouvelle, redevenu administrateur, et chargé du commandement du *Piémont, Chabran,* dans un pays ravagé par tous les fléaux que la guerre traîne à sa suite, ramena l'ordre, protégea la sûreté des routes, et fit naître la confiance dans des esprits aliénés par le fanatisme et par la haine.

Le général *Chabran* a quitté le service il y a quelques années, il s'est condamné à la retraite, content de jouir de l'estime de ses concitoyens, et de la satisfaction que procure une vie sans reproches, et dont tous les instans ont été marqués par un dévouement sans bornes, à la patrie.

CHAMBARLHAC, *Patriote.*

Jean-Jacques-Felix *Chambarlhac*, est né le 2 août 1754, dans la commune des *Estables* (*Haute-Loire*). Destiné de bonne heure au service des armes, il entra au régiment d'Auvergne (infanterie) le 1er. mai 1769, en qualité de sous-lieutenant. A l'époque de la Révolution, il fut nommé chef du 1er. bataillon de la Haute-Loire, le 22 mai 1792. Il a servi aux armés d'Italie, dans la Vendée,... etc. Il a été nommé général de division en l'an 11.

CHASSELOUP - LOUBAT, *Patriote*.

Tous les militaires instruit, rendent hommage à cette arme du génie qui a produit des officiers du plus grand mérite, et qui par leurs talens ont contribué à nos victoires ; on cite avec éclat la bravoure du soldat qui s'est jeté le premier dans une redoute, qui a enlevé un drapeau à l'ennemi, ou monté avec audace à l'assaut d'une ville assiégée ; de tels exploits, sans doute, méritent d'exciter l'admiration ; mais le guerrier dont les savantes combinaisons tracent le plan d'une attaque, préparent les succès, ménagent le sang du soldat et forcent la victoire, a-t-il moins de droits à la gloire ?

Le général *Chasseloup - Loubat*, servit d'abord dans les grades inférieurs ; mais malgré l'obscurité qui dérobe à la connaissance de l'histoire une partie des services qu'il rendit dans nos armées. On voit que ses talens furent appréciés des généraux sous lesquels il se trouva, puisqu'il l'élevèrent jusqu'au grade de général de division, inspecteur du génie. Tant que la France eut des ennemis à combattre, *Chasseloup-Loubat* ne connut point le repos, on le trouva partout où il y avait des services à rendre à la patrie, et de la gloire à acquérir.

CHARRÈTE, *Royaliste*.

Un des héros de la Vendée..., un des amis du Roi, une des victimes de nos dissentions civiles. Les chefs royalistes n'ont point demandé s'il avait eu des ayeux, et si son nom avait été célèbre ; les soldats n'ont exigé de lui que courage et loyauté, constance et fidélité, il est devenu leur modèle, et lorsque la guerre civile promenait ses fureurs aux rives vendéennes, Charrette sut combattre et vaincre. Il s'était placé parmi les nobles de ces contrées qui voulurent ressusciter les coutumes de l'ancienne chevalerie. On les vit bien souvent unir la clémence à la bravoure; sur leurs drapeaux on lisait *Dieu et le Roi*, et sur les hauteurs et dans les vallons, les paysans et les citadins armés faisaient de toutes parts retentir les cris de *Vive la Religion, vive le Roi!*

Charrette fut l'un des chefs de ces braves paysans qui, d'une main tenaient la bêche, et de l'autre leurs armes, qui cachaient leurs fusils dans les sillons et affectaient de conduire leurs charrues dans les champs, qui vivaient de pain noir et reposaient sans inquiétude à l'ombre de leur bocage, à côté des clairières où ils se plaçaient en embuscade. Charrette, qui les commandait, les menait souvent à la vicioire... mais quelle victoire, des Français égorgeaient des Français, et le sein de la patrie était déchiré par ses propres enfans. O jours de deuil et de calamité.

Les Vendéens abandonnés mirent bas les armes, le bocage fut pacifié..., Charette avait fait sa paix avec les ennemis du Roi... Son devoir venait depuis peu de lui montrer la conduite qu'il devait tenir... Il fut arrêté, incarcéré, jugé et condamné à mort... Il reçut le coup mortel avec calme, intrépidité, le front découvert et dans l'attitude des braves... Charrette n'est plus, mais toute la Vendée et tous les royalistes répètent avec lui le seul cri qu'il fit entendre en mourant... *Vive le Roi!*

CHENIER, *Républicain-constitutionnel.*

Marie-Joseph *de Chénier* naquit le 28 août 1764, à *Constantinople*, où son pére était consul-général. Transporté en France dès l'âge le plus tendre, il prouva, même pendant ses études, qu'il était doué d'une raison forte, d'une vive imagination, d'une mémoire immense. En 1781 M. *Chénier* embrassa la profession militaire et passa, en qualité d'officier de dragons, deux années dans la garnison de *Niort*. C'est alors qu'il se livra tout entier à l'étude. Depuis, il quitta le service pour rester à Paris, le centre des lumières et le théâtre des grands succès.

A l'âge de 22 ans, il fit la tragédie d'*Azemire*; Cet essai ne fut pas heureux. Le 4 novembre 1789, il fit jouer sur le théâtre français son *Charles IX*, tragédie, dont le principal ressort est la terreur, et dont l'énergie est le principal caractère. Charles IX plaça son auteur parmi les hommes attachés au parti que bientôt il devait combattre, au premier rang, par ses écrits et sa conduite. Ce poète donna en 1791 *Henri VIII* et *la mort de Calas*. Dans ces deux ouvrages, Chenier fit preuve d'une profonde sensibilité, en même-temps qu'il élève l'ame, il déchire le cœur.

Caïus-Gracchus fut mis au théâtre en 1790. On cite de cette tragédie les deux vers suivans :

<blockquote>Arrêtez ; malheur à l'homicide
Des lois et non du sang ; ne souillez point vos mains.</blockquote>

Le parterre applaudissait, un frénétique révolutionnaire, un satellite de la tyrannie osa répondre : *du sang et non des lois*. On poursuivit la pièce, on voulut pendre le poète.

Au mois de février 1793, il fit jouer sa tragédie de *Fénélon*; elle obtint un billant succès; mais elle n'a pu désarmer la tyrannie, ni ramener les prêtres à leur modèle. Fénélon est l'ouvrage d'un homme de bien, habile dans l'art dramatique et ingénieux dans l'art des vers.

Chénier a fait aussi la tragédie de *Timoléon*, elle parut en 1794 avant le 9 thermidor. Quelle leçon pour les tyrans et leurs satellites!

> La tyrannie altière et de meurtres avide,
> D'un masque révéré couvrant son front livide,
> Usurpant sans pudeur le nom de liberté,
> Roule, au sein de *Corinthe*, son char ensanglanté.
> Il est temps d'abjurer ses coupables maximes.
> Il faut des lois, des mœurs et non pas des victimes.

Les tragédies de *Chénier* suffisent pour établir sa réputation. C'est Sophocle qui fut son modèle; il avait étudié, médité, traduit même les ouvrages de ce tragique ancien : c'est là qu'il avait puisé de bonne heure le système qui a présidé à toutes ses compositions dramatiques, et qui en a déterminé l'extrême simplicité; « parce qu'il « avait pensé que l'intérêt devait naître, dans la « tragédie, non de la complication romanesque « des incidens, mais de la nature même du sujet; « non de la certitude du dénouement, mais du « caractère pathéthique ou terrible des situa- « tions; que l'art consistait à représenter les « *personnages*, c'est-à-dire à les animer, à expri- « mer avec une énergique vérité leurs pensées, « leurs passions, leurs vertus, leurs vices; « qu'en un mot, il s'agissait bien moins d'exci- « ter la curiosité du spectateur, et de le tenir en

« suspens, que de l'émouvoir, de le charmer,
« de l'attendrir. »

M. Chénier fit représenter à l'Opéra un divertissement en un acte, intitulé le *Camp de Grandpré*, musique de *Gosset* (faible succès). On a de lui un volume de poésies lyriques divisées en trois livres, les odes, les hymnes et les chants imités d'*Ossian*. En 1809, il a fait paraître une traduction en vers de la célèbre élégie de Gray. Il a composé depuis des poésies didactiques, héroïques, satyriques; c'est dans ces dernières productions qu'il a fait preuve d'une véritable énergie, de gaieté et de talent. Ses poésies inédites sont des épîtres, des discours philosophiques, l'Art poétique d'Horace, traduit en vers de dix syllabes, et le premier livre d'un poëme épique qui devait avoir pour titre : la *Hollande affranchie du joug espagnol*. Le seul essai qu'il ait fait paraître dans le genre héroïque est un poëme intitulé : le *Vieillard d'Ancenis*, lu à une séance publique de l'Institut, au mois de janvier 1795. « Il y célébrait, dit son panégyriste, la
« gloire des guerriers français... Jamais le talent
« de Chénier, dans les divers genres de prose et
« de poésie ne s'élevait à un plus haut degré de
« force et de noblesse, que lorsqu'il s'agissait
« d'exprimer la reconnaissance. » On peut ajouter que c'était alors un beau talent qui célébrait les héros et la patrie !

Chénier a été membre du jury d'instruction publique. On a conservé le souvenir du discours qu'en cette qualité il prononça en 1780, pour la distribution des prix, sur les *Progrès des connaissances en Europe, et de l'enseignement public en France.*

Tels furent les principaux ouvrages de ce littérateur célèbre, qui fut une des victimes de nos discordes civiles, que chaque parti appellait dans ses rangs, qui ne voulut appartenir à aucune faction, qui détesta toutes les tyrannies, et qui osait penser lorsque la fortune et l'ambition portaient sur le pavois un de leurs favoris. « Les rois et les trônes périssent, et les noms des uns et des autres sont effacés même dans l'histoire disait-il et il ajoutait :

Trois mille ans sont passés sur la cendre d'*Homère*,
Et malgré trois mille ans *Homère*, respecté,
Est jeune encore de gloire et d'immortalité.

Chénier n'a jamais flatté le pouvoir ; homme libre, il adorait la liberté, mais la liberté fille constitutionnelle des lois. Il était peu fortuné et mourut pauvre ; il aimait cependant la magnificence, et rien n'a pu le porter à solliciter la faveur et les dons du gouvernement. Ce poëte, après avoir fourni une carrière illustre, est mort le 10 janvier 1811, vers midi, paisiblement, sans faste et sans faiblesse, jeune encore, âgé seulement de 46 ans, 4 mois et 13 jours.

CHÉRIN, *Patriote-Constitutionel.*

Généalogiste avant la révolution, héritier d'un patrimoine honorable, *Chérin* avait épousé l'intéressante fille de M. *Dacier*, membre de l'institut national; à l'époque de la révolution il avait embrassé avec chaleur une cause qui promettait la réforme des abus et le triomphe des idées libérales, sous un roi honnête homme.

Il fut victime de son amour pour ses devoirs, pour son pays, et pour son roi; par ordre du comité de salut public il fut arrêté, et languit dix mois dans les cachots; rendu à ses amis et à ses fonctions, en l'an 4, il obtint le grade de général de brigade, et fut envoyé extraordinairement dans le département du *Cher* et autres limitrophes, où des troubles avaient éclaté. Ses soins, son zèle et sa probité, furent couronnés du plus heureux succès.

Chérin avait particulièrement étudié l'administration de la guerre; ses connaissances, dans cette partie et son incorruptible probité, l'avaient fait apprécier du général *Hoche*, qui le retint constamment près de lui, à l'armée des *Côtes-de-l'Ouest* et celle de *Sambre-et-Meuse*, en qualité de chef d'état-major. Le 17 fructidor de l'an 5, il fut nommé commandant en chef de la garde du directoire; associé au général *Augereau*, dans la journée du 18 fructidor, il fit excuser la part qu'il prit à cette illégale révolution, par le dévouement le plus absolu, et l'abnégation la plus entière de tout intérêt personnel.

Chérin servit encore à l'armée du *Danube*. C'est devant *Zurich* qu'il trouva la mort; il y fut blessé d'un coup de feu pendant le combat; il mourut cinq jours après à *Arau*, généralement regretté. Pour honorer sa mémoire, il fut décrété que ses restes seraient réunis à ceux de *Marceau* et de *Hoche* son ami et son compagnon d'armes. Le général *Chérin* s'est comporté avec honneur parmi les guerriers qui ont porté les armes pour la république et non pour eux-mêmes, pour l'honneur et non pour la fortune; il ne s'enrichit point durant la guerre, il lui sacrifia même l'héritage paternel. *Chérin* mourut, laissant après lui le souvenir des vertus qui, seules, flattent l'homme de bien, une vie sans reproches, et une mémoire honorée. *Chérin* né avec de la fortune, la consommant au service, mourut pauvre, après avoir long-temps commandé, et avoir été chef d'état-major; c'est un modèle à offrir aux guerriers, et un exemple respectable à présenter à l'admiration publique.

CLARKE, *Patriote-Constitutionel.*

Ce n'est pas toujours au milieu des camps ni sur un champ de batailles, que le guerrier est utile à son pays : dans le silence de la retraite, dans le cabinet de la diplomatie, souvent avec l'œil du génie il trace le plan d'une campagne, dirige une invasion dans le pays ennemi, et marque le côté faible par où une place forte peut être attaquée. Appelé au conseil des chefs de l'état, il fixe les irrésolutions, parle en faveur de la paix ou de la guerre, plaide la cause des peuples, dirige les opérations diplomatiques, qui, bien souvent, déjouent les projets des ministres des rois, et rendent nuls les détours d'une astucieuse politique. Pour opérer de si grandes choses, il faut bien souvent plus que ce courage qui sait affronter la mort ou la donner; il faut encore un vrai talent, de vastes connaissances, du génie; tel s'offre à nos regards Henri-Jacques-Guillaume *Clarcke*, né à Landrecis, département du Nord, le 17 octobre 1765, fils de Thomas Clarck, né à *Courtnaboule*, en Irlande; il suivit la carrière militaire, et obtint tous les grades dus à sa naissance et ses talens; en l'an 2, il obtint et mérita le grade de général de brigade.

En l'an 3, *Clarcke* fut choisi pour être directeur du cabinet historique et topografique militaire du directoire exécutif; dans ce poste honorable, et qui suppose des talens réels, des connaissances locales, il fut encore chargé de consigner, dans nos fastes, les actions héroïques de nos braves soldats, et de conserver à la postérité ces beaux plans de campagnes, tracés par ces guerriers qui furent à-la-fois l'âme et le bras de la patrie.

A la bataille d'*Arcole*, il perdit un neveu qu'il aimait; il reçut du général en chef la lettre suivante :

« Votre neveu Elliot a été tué sur-le-champ de bataille d'*Arcole*, ce jeune homme s'était familiarisé avec les armes; il a plusieurs fois marché à la tête des colonnes; il aurait été un jour un officier estimable; il est mort avec gloire et en face de l'ennemi; il n'a pas souffert un instant. Quel est l'homme raisonnable qui n'envierait pas une telle mort? Quel est celui qui, dans les vicissitudes de la vie, ne s'abonnerait pas pour sortir de cette manière, d'un monde si souvent méprisable? Quel est celui d'entre nous qui n'a pas regretté cent fois, de ne pas être ainsi soustrait aux effets puissans de la calomnie, de l'envie, et de toutes les passions humaines qui semblent, presque, exclusivement, diriger la conduite des hommes. »

Ce fut le général *Clarcke*, qui fut chargé par

le gouvernement français, qui cédait enfin à l'opinion générale, et aux principes de la justice publique, de redemander les prisonniers d'*Olmultz;* ce fut là le premier indice de la commisération nationale pour l'infortuné *Lafayette,* qui, depuis trois ans, languissait dans les prisons d'*Olmultz*, avec les compagnons de sa captivité *Latour - Maubourg,* et *Bureaux de Pusy.* Il étoit réservé à *Clarcke* de porter à Vienne le vœux du directoire de France, de plaider lui-même la cause des détenus, et d'obtenir leur liberté.

En frimaire an 8, après le 18 brumaire, *Clarcke* reprit modestement la place de chef du bureau topographique de la guerre, au près des consuls.

Clarck a été nommé par le gouvernement français, ministre plénipotentiaire, près S. M. le Roi de Sardaigne. Sous le gouvernement impérial, il fut nommé ministre de la guerre; sous les deux restaurations, il a rempli les fonctions pénibles de ce ministère.

CLÉRY, *Royaliste.*

Valet-de-chambre de S. M. le vertueux, l'infortuné Louis XVI; il eut le bonheur de suivre son maître dans l'horrible prison du Temple; c'est-là qu'il vit ce bon roi victime de la calomnie, et de la haine, pardonner à ses ennemis, et bénir ses bourreaux. *Cléry* est associé au souvenir glorieux de son maître, il a eu la double satisfaction de partager les infortunes d'un roi captif au milieu de ses sujets, et d'être l'hystorien des événemens passés dans la tour du Temple. *Cléry* sera toujours regardé comme le vrai modèle des bons serviteurs, comme celui des véritables amis de Louis XVI, comme un vrai royaliste.

COLAUD, *Patriote.*

Pendant les dix années de guerre que la France a soutenue contre l'Europe, le général *Colaud* a constamment servi la liberté, par ses talens et son courage; né à *Bastia,* en Corse, le 22 décembre 1754, *Colaud* entra au service en 1772, comme simple dragon, et passa par tous les grades, jusqu'à celui de division, qu'il obtint le 20 septembre 1793. Il se trouva à la bataille de *Valmy;* fut blessé d'un biscayen à la cuisse droite, à la bataille d'*Handscoote*; guéri de sa blessure, il passa à l'armée de la Moselle, puis à celle d'Italie, appaisa la même année une révolte qui avait eu lieu à Toulon; fut ensuite nommé commandant en chef à Paris, et vint à l'armée de Sambre-et-Meuse, sous les ordres de Kléber.

En l'an 8, le général *Colaud* passa à l'armée du Rhin sous *Moreau*, et commanda le corps du Bas-Rhin, jusqu'après la bataille de *Hohelinden*; il ne quitta l'armée qu'après qu'elle fut retirée en France, après la paix de Lunéville.

Le 18 nivôse an 9, il fut nommé membre du sénat conservateur; dans ces fonctions éminentes, environné des suffrages de ses concitoyens, le général *Colaud* peut avec orgueil reporter ses regards sur la carrière qu'il a parcourue, et n'y trouver que de ces actions qui commandent, dans tous les temps et chez tous les peuples, l'estime et la considération.

COLLOT-D'HERBOIS, *Républicain exalté.*

Cet homme fut peut-être mauvais comédien, patriote irascible, représentant du peuple malà-droit et factieux; il eut des torts graves et irréparables envers son roi; il servait le parti républicain, la cause des ambitieux et des exaltés; il eut des opinions extravagantes, des formes rebutantes.... mais il fut proscrit, il fut malheureux; il est mort dans les déserts de *Synamary*, loin de la France, loin de sa patrie. Républicain fougueux, il n'a jamais trafiqué de ses opinions politiques; il n'a point, tour-à-tour, d'après les circonstances, pris, quitté, repris la livrée des factions. Républicain, il est mort républicain, rendant mépris pour mépris, et haine pour haine, aux satellites de la tyrannie qui avaient prétendu le punir des mêmes crimes qu'ils avaient commis... Vous qui jouissez depuis long-temps de la faveur, qui avez obtenu des titres, des décorations, des places, et de l'or, blamez, si vous l'osez, le malheureux *Collot-D'Herbois*, et ses pareils, et dites-nous lesquels sont les plus avilis, de ces hommes, ou de vous?

S. D. COMPANS, *Patriote.*

Jean-Dominique *Compans*, né à Soliers (Haute-Garonne), le 26 juin 1769, par son courage et ses talens, s'est distingué dans la carrière militaire, où il a obtenu tous les grades. Son nom est inscrit dans nos fastes, et son nom est cher aux braves, à l'amitié, à toute sa famille, qui l'estime et le révère.

CONDORCET, *Patriote-Constitutionel.*

Condorcet fut un des philosophes du siècle de Louis XV; il vécut avec les *Voltaire*, les *Diderot*, les *Dalembert*; il eût été l'oracle d'une assemblée nationale, qui aurait réuni la bonté des principes à la sagesse de l'exécution. L'expérience lui apprit bientôt que la philosophie n'offrait qu'une séduisante théorie, et que, pour guider les hommes il faut une autre politique, un grand amour du bien, et savoir se sacrifier pour la patrie. *Condorcet* a expié ses erreurs par sa mort. Hommes sages, imitez le courage de *Condorcet;* mais apprenez que ceux qui veulent ou prétendent diriger la pauvre espèce humaine, doivent s'attendre à ne trouver que des ingrats, des envieux, des jaloux; que les plus sages législateurs ont été les victimes de l'ignorance, du mensonge, de l'intrigue, et de la calomnie; et que c'est peut-être une folie, que de vouloir guider les hommes par les leçons de la sagesse, de la raison, et de la vraie liberté.

CUSTINE, *Patriote-Constitutionel.*

Dans l'espace de deux années, ce guerrier a éprouvé tout ce que la gloire a de charmes, tout ce que la jalousie, la haine, et l'envie, peuvent susciter de persécutions. Le parti constitutionel lui fit donner le commandement des armées; le parti républicain le fit monter à l'échafaud; et celui qui pendant quarante ans avait échappé au danger des batailles, ne put mourir comme *Turenne;* il fut une des premières victimes des discordes civiles, et mourut par la main des bourreaux.

Adam-Philippe comte de *Custine*, né à Metz, le 4 février 1740, d'une famille ancienne et respectable, avait reçu la plus belle éducation; il embrassa de bonne-heure la carrière des armes, qui ouvrait alors, à la noblesse, le chemin de la gloire et des honneurs. M. de *Custine* encore très-jeune, fit la guerre de sept ans, et s'y distingua par plusieurs actions d'éclat : à la paix, il voyagea dans les principales cours de l'Europe, étudia la tactique des différens peuples, et mérita l'estime et les éloges du grand *Frédéric*. L'origine de la révolution d'Amérique offrit aux guerriers français, l'occasion d'acquérir de la gloire; il courut des premiers combattre pour l'indépendance d'un peuple ami de la France, et mérita par sa bonne conduite, pendant le cours de cette guerre, et surtout au siége d'*Yorck*, le brevet de maréchal-de-camp.

A son retour en France, il fut fait gouverneur de Toulon. En 1789, M. de *Custine* fut nommé pour représenter la ville de Metz aux états-généraux; honoré des suffrages de ses concitoyens, il se montra digne de leur confiance, dans les augustes fonctions qu'il fut appelé à remplir. Au milieu des passions et de cette lutte d'opinions inévitables des temps de révolution, la sévérité de ses principes lui fit une loi de n'adopter aucun parti; jamais son nom ne fut inscrit sur la liste d'aucune société, il n'était pas plus du *club* monarchique que du *club* des jacobins;

ses opinions furent celles d'un citoyen français, dont l'âme libre ne pouvait être enchaînée: respect aux lois, et à l'ordre public qu'elles doivent conserver, telle fut sa profession politique; sa plume ne s'employa jamais, que pour la défense de ces mêmes lois; son épée ne fut jamais tirée, que contre les ennemis de la patrie. Ami de la discipline militaire, il sut la faire respecter; et lorsque des têtes exaltées sontenaient l'insubordination des troupes, il menaça les mutins, sans craindre d'exposer ses jours, et cependant, il eut besoin d'excuser sa sévérité, ce qu'il fit en parlant à l'assemblée nationale, et rappelant un trait d'un des hommes les plus humains, et le plus estimé par les troupes qu'il commandait. « Vingt-cinq mille hommes avaient menacés le maréchal de *Daur* de passer au camp ennemi, si on exigeait qu'ils quittassent une espèce de chapeau dont on voulait changer la forme; M. *Daur* et M. le maréchal de *Lusey* étaient d'avis de céder; mais M. *Laudon* leur dit : « si vous cédez une fois à ceux qui ont la force en main, vous céderez toujours. » Il alla à la tête de la ligne, fit ouvrir une caisse de chapeaux, va au premier caporal, et lui ordonne, de la part de sa souveraine, d'en prendre un; le caporal refusa, il le tua; il en tua un second, le troisième prit le chapeau; l'armée entière le prit, et rentra dans le camp sans faire entendre le moindre murmure. »

M. de *Custine* devait, dans des temps difficiles accepter le commandement, il accepta; mais ayant encouru la haine de la faction désorganisatrice, il dut succomber. On l'attira à Paris; il fut arrêté, traduit au tribunal révolutionnaire, et condamné à mort le 27 août 1795; le 28, il n'était plus.

Custine en mourant manifesta des sentimens religieux; son fils, victime également des factions, fut livré aux bourreaux le 14 nivôse an 2.

D.

DAGOBERT, *patriote*.

Au milieu de ses jeunes soldats qui s'offrirent pour défendre la patrie menacée, on distingua un brave militaire qui se présentait pour la servir avec un dévouement égal à celui de cette bouillante jeunesse, mais ayant de plus qu'elle les talens et les vertus que donnent l'expérience et une longue habitude de la discipline. Cet homme fut Dagobert issu d'une famille noble. Louis-Simon-Auguste-Fontenille-Dagobert, naquit à Saint-Lo, (Manche) ou il étudia d'abord pour entrer dans le génie, qu'il quitta pour prendre du service dans *Tournesis*. Lors de la création des compagnies nouvelles, au mois de novembre 1755. Il reçut de l'avencement, et passa par tous les grades jusqu'à celui de maréchal de camp, auquel il fut élevé le 20 septembre 1792, et celui de général de brigade lui fut conféré le 8 mars 1793. Dagobert avait fait toutes les campagnes de la guerre de sept ans, et notamment celle de 1759; il fit aussi trois campagnes dans celle de Corse, et reçut plusieurs blessures dans différens combats. A la bataille de Menden, il fut blessé à la main droite, et à la main gauche à celle d'Ober-Vens; il reçut deux coups de feu à *Clostercamp* le 16 octobre 1760, et le 28 février 1792, il fut atteint à la jambe droite, d'une balle qui lui fit une forte contusion. Attaché comme maréchal de camp, à l'avant-garde de l'armée d'Italie, depuis le 20 novembre 1792, il servit ensuite sous le commandement de *Biron*, et se distingua dans plusieurs actions, il passa des montagnes du Piémont à celle des Pyrénées, et fut nommé général des troupes placées du côté de la Méditerrannée; il remporta plusieurs victoires sur les Espagnols. Dagobert tomba malade sous les murs *d'Urgels*, déjà la fortune couronnait son audace et son courage, les lignes dans lesquelles ce général traça les avantages remportés par son armée était comme le champ du cigne; il mourut en promettant de nouvelles victoires, et après avoir conquis la Sardaigne espagnole. Sa franchise, son courage héroïque, sa constance, sa fermeté, ses talens militaires, le firent regretter de toute l'armée, qu'il avait toujours mené à la victoire. Dagobert fut un excellent officier non moins recommandable par ses qualités guerrières que par ses vertus sociales; son nom fut inscrit sur la colonne des braves, élevée au Panthéon.

D'ALLEMAGNE, *patriote*.

Claude "*Allemagne*, né en 1754, près de Belley, (Ain) appartenait à une famille honnête de propriétaire. En 1773, il s'engagea comme simple soldat dans le régiment de Hainault; il fit ainsi toutes les campagnes d'Amérique, se fit bientôt remarquer par des actions d'éclat, et se distingua particulièrement au siége de *Savanah*, où il fut fait sergent. En 1790, il fut fait officier après l'affaire de Nancy, et en 1791, il fut fait chevalier de Saint-Louis. Capitaine de grenadiers, en 1792, il passa dans le comté de *Nice*, fut blessé à l'affaire du *Moulinet* : il fut fait général de brigade et fit en Italie la mémorable campagne de l'an 4, où il fut employé dans toutes les expéditions difficiles, et qui demandaient du sang froid et de l'audace. Il fut du nombre des officiers généraux qui se dévouèrent au pont de *Lodi*, c'était lui qui guidait la brave trente-deuxième à Lonado. Les grenadiers français se glorifiaient d'avoir été toujours guidés à la victoire par le général *d'Allemagne*. Ce général se distingua à Rome par sa prévoyance, son courage, sa constance et sa fidélité ; il vit la patrie des Scipions, des Catons et des Émiles, et son âme aima la France avec plus d'enthousiasme et de vénération. Passé à l'armée du Rhin, le blocus de *Herenbrestein* lui fut confié, et il eut le bonheur de coopérer à la reddition de cette place. Sa santé était très-délabrée lorsqu'il demanda et obtint sa retraite : il fut appelé par un secret au corps législatif, il en fut nommé un des secrétaires, le 15 ventose an 11.

DOMMARTIN, *Patriote*.

Dommartin prit le parti des armes dans l'origine de la révolution, son jeune courage ne lui fit entrevoir que de la gloire à acquérir et sa patrie à défendre, il fit ses premières armes au siége de Toulon, en qualité de chef d'artillerie, se distingua dans plusieurs circonstances, et mérita par sa bravoure l'estime de ses compagnons d'armes. A l'affaire *d'Olioulles*, le 7 septembre 1793, il se battit avec le plus grand courage ; un balle l'atteignit au moment où il dirigeait une pièce de huit contre les Anglais, qui occupaient des hauteurs presque inabordables; il tomba à côté du général en chef *Carteaux*, qui l'éleva sur le champ de bataille au grade de chef de brigade; il fut de l'armée d'Italie, et de l'expédition d'Egypte. Les artilleurs qu'il commandait se couvrirent de gloire, il fut atteint d'une balle au siége de Saint-Jean *d'Acre*, et mourut de sa blessure, vivement regretté du général en chef et de l'armée: les pleurs de ses frères d'armes et de ses concitoyens l'ont accompagné dans la tombe; la patrie a adopté un neveu à qui ce général a laissé pour héritage son exemple et le souvenir de ses vertus.

DAMPIERRE, *Patriote*.

A cette époque où le mérite seul paraissait un titre pour obtenir la confiance des chefs et des soldats; le général Dampierre fut appelé par les militaires français à l'honneur de les commander. H. P. Dampierre fut du nombre de ces braves qui avaient à l'estime de leurs concitoyens, d'autres titres que leurs lettres de noblesse. Il était président du département de l'Aube lorsque la révolution éclata.

Avant cette époque, le général Dampierre était colonel du 7e régiment de dragons; la France était alors en paix. *Dampierr* vivait dans la retraite, chéri de ses paysans dont il était le père et l'appui; on cite de lui plusieurs traits de générosité, il en est un qu'il suffit de rappeller pour faire connaître son âme toute entière. Un malheureux était tombé dans une rivière au milieu de l'hiver, *Dampierre*, sans consulter le danger, se jeta à la nage et lui sauva la vie.

Président du département de l'Aube, Dallemagne se déclara pour les institutions libérales, il désirait la réforme des abus; mais on ne put le soupçonner d'avoir sacrifié sa conscience à des vues ambitieuses ou à quelques passions particulières; il avait servi l'état dans des fonctions civiles, il crut qu'il était de son devoir de se dévouer pour elle parmi les enfans de la gloire. Il était avec son régiment à l'armée du Nord commandée par le général *Biron*. On sait quel furent les revers qu'éprouva notre armée et qui durent être attribués particulièrement à l'indiscipline. Les soldats avaient manqué à l'obeissance, il fallut les punir. De nos jours, le mélange et l'emploi des différentes armes, a tellement compliqué la science de la guerre, qu'on ne doit pas espérer de commettre impunément une faute; ce n'est plus seulement au plus brave, c'est au soldat le plus obéissant, que demeure la victoire; c'est ainsi que s'étaient formés ces braves grenadiers des anciens régiment d'Auvergne et de Navarre, qu'un membre distingué de nos premières assemblées nationales appelait les cantiques de l'honneur et de l'intrépidité française.

À la bataille de Jemmape, où les français se signalèrent par tant de belles actions (1). Dampierre y combattit à la tête des soldats qu'il commandait; il avait obtenu le grade de général de division, bientôt il est appelé au commandement de l'armée du Nord; les hostilités ont recommencé, et Dampierre, attaqué sur cinq point différens, mais instruit de la marche de l'ennemi, fit la plus belle résistance, et réussit à se rendre maître du camp de *Famars*, cependant après avoir fait une perte considérable. La journée du 6 mai 1793, fut encore plus fatale à notre armée et à son brave général. Environné par des forces supérieures, il résolut de livrer une bataille décisive; elle était engagée lorsque dans le plus fort de l'action, l'aile droite sembla faiblir; Dampierre, bravant le danger comme le plus simple soldat, courait la ranimer par sa voix et son exemple, lorsqu'il trouva dans les rangs le sort de Tu-

---

(1) Dampierre nous a transmis lui-même le nom du vétéran *Jollibois*, qui vint remplacer à la bataille son fils déserteur. « Ce vétéran ayant appris que ce fils coupable avait abandonné les drapaux du 1er bataillon de Paris, arriva le matin de la bataille de Jemmapes, prit la place de son fils et s'écriait à chaque coup qu'il tirait sur l'ennemi » ô mon fils, pourquoi faut-il que le souvenir douloureux de ta faute, empoisonne des momens aussi glorieux. » Ce brave vétéran obtint le grade d'officier.

renne; il eut la cuisse emportée d'un boulet de canon, et mourut le lendemain, regretté de toute l'armée qui perdait en lui un soldat valeureux, un officier instruit, un ami véritable.

Les honneurs du Panthéon furent accordés à Dampierre, et son buste fut placé dans le lieu des séances de la représentation nationale.

DARÇON, *Patriote*.

C'est au milieu des montagnes du Jura, l'an 1733, que naquit Jean-Claude-Eléonore Lemichaud, connu sous le nom de *Darçon*; la ville de Pontarlier se glorifie de lui avoir donné le jour. Il fut par ses parens destiné à l'état ecclésiastique ; mais son goût l'entraîna au dessin et au tracé des ouvrages de fortifications ; il fut admis en 1754 à l'école de *Mézières*, où l'année suivante il fut reçu ingénieur ordinaire : ses progrès furent rapides. En 1761, il se distingua à la défense de *Cassel*. Darçon fit ensuite la carte du *Jura* et des *Vosges*. il exécuta quelque temps après la carte militaire des frontières orientales du royaume de France, depuis Toulon jusqu'à Deux-Ponts. On ne peut rien voir de plus exact et de plus digne de la curiosité des connaisseurs.

Pendant la guerre d'Amérique, Darçon fut chargé d'exécuter le fameux projet des batteries flottantes dirigées contre Gibraltar. On sait quel fut le résultat de l'attaque qui réduisit à une sorte de désespoir *l'inventeur des Prames.*

Pendant les premières années de la révolution, cet officier du génie fut chargé de l'honorable mission de s'emparer des places fortes de la Hollande. Tout ce qu'il entreprit il l'exécuta.

Darçon mourut en messidor de l'an 8, âgé de 67 ans; l'art militaire, les lettres et la philosophie firent alors une perte réelle; une imagination ardente, une âme dévorée de la soif de son art et du bien de l'humanité et des travaux multipliés furent la cause de sa mort.

Ingénieur habile, mécanicien célèbre, ses écrits sont remplis d'idées neuves sur les fortifications, et pleines de détails curieux sur les machines de guerre; sur la levée des cartes militaires, sur la méthode la plus expéditive de saisir un terrain, et en général sur les moyens conservateurs des hommes, qui faisaient sa plus chère occupation. Long-tems Darçon vécut seul dans un ermitage du Jura. A l'exemple de *Vauban*, Darçon consacra au bien de l'état et à la félicité publique des lumières acquises par une longue expérience. Il était membre du sénat, lorsque la mort vint l'enlever à des collègues qui l'estimaient, à l'armée qui le pleura, à sa famille toujours inconsolable. Le général *Darçon* eut beaucoup d'admirateurs et ne laissa pas d'ennemis, parcequ'il fut célèbre sans orgueil, utile sans ambition, bouillant sans humilier ses rivaux, en un mot, parce que son âme était aussi belle, aussi ignorante du mal, que son esprit était instruit, original et ami du bien.

DARMAGNAC, *Patriote*.

Cet officier général dont la bravoure et les talens sont connus, a partagé la gloire de ses frères d'armes; et s'est distingué en cent combats où souvent il a reçu des blessures honorables. Il entra au premier bataillon de la *Haute-Garonne*, commandé par le brave *Vicose*, où il fut fait capitaine le 11 décembre 1791. Il a fait les campagnes d'*Italie* et d'*Egypte*, et a conquis tous les grades qu'il a obtenus. Il a toujours servi son pays avec honneur et a rempli ses devoirs de militaire et de citoyen. *Toussaint d'Armagnac* est né à Toulouse (Haute-Garonne), le 1er. novembre 1766.

DAUNOU, *Patriote constitutionnel*.

Représentant du peuple, directeur et conservateur des archives du royaume, écrivain, philosophe, publiciste, législateur, il s'est toujours montré l'ami des lois, de l'ordre et de la patrie. *Daunou* a traversé toute la révolution, et tous les partis l'estiment et le révèrent... *Daunou* est donc vraiment patriote...

DEBELLE, *Patriote*.

Le 22 mai 1767, Debelle, né à Vorrège (Isère), entra au régiment d'Auxonne, artillerie, en 1789; il fut fait lieutenant et nommé capitaine en 1790. Il commandait une compagnie d'artillerie à cheval pendant les années 1790, 1793 et en l'an 2, aux armées du Nord et de Sambre-et-Meuse. Il servit ensuite à l'armée de *Sambre-et-Meuse*, fut de l'expédition d'Irlande, passa ensuite à l'armée du Rhin, puis à celle d'*Italie*. On lui reprocha d'avoir contribué à la perte de la bataille de *Novi*; il fit paraître sa justification, qui fut accueillie du gouvernement et des officiers les plus habiles dans l'arme du génie. Le général Debelle fut ensuite employé à l'armée de Saint-Domingue, où il rendit de grands services; c'est là qu'il succomba aux funestes effets d'une maladie cruelle qui le ravit à la patrie et à ses frères d'armes. Pour honorer la mémoire de ce brave officier, Leclerc voulut après sa mort, que le fort national, au port Républicain, s'appellât à l'avenir fort *Debelle*.

DECAEN, *Patriote*.

Le général *Decaen*, comme plusieurs autres

généraux, ne dut son avancement qu'à sa bravoure et à ses talens, et c'est toujours sur le champ de bataille qu'il fut élevé de grade en grade jusqu'à celui de général de division. Mathieu-Claude-Isidor Decaen naquit à Caen (Calvados), en 1769, il a fait toutes les campagnes les plus glorieuses de la révolution, il eut sa part de gloire dans la fameuse journée de Hohenlinden. Il a été dans l'Inde ; de retour, il a servi la cause de la patrie et la servira toujours.

DECRÈS, *Patriote Constitutionnel.*

Parmi nos braves officiers de marine, on distinguera toujours et nos annales citeront avec gloire le nom de Denis Decrès, né en 1760, dans une des villes de l'ex-province de Champagne Château-Vilain (Haute-Marne); dès l'âge le plus tendre, Decrès fut destiné au service militaire. A peine âgé de 18 ans, il était garde marine, et se faisait remarquer par ses progrès, par des connaissances réelles, un grand amour pour les devoirs de son états et beaucoup de succès dans toutes les études qui font le marin; il parvint à tous les grades, se distingua dans plusieurs combats et sous l'ancienne monarchie et sous les gouvernemens qui ne sont plus. Le 11 vendémiaire an 10, le contre-amiral Decrès fut placé au ministère de la marine et des colonies; ce ministère ne pouvait être confié à un marin plus expérimenté, plus attaché au service maritime, à la gloire de notre marine militaire et marchande, plus capable enfin par ses talens et son civisme, s'il avait été possible, de réparer les pertes multipliées de notre marine.

DEFLERS, *Royaliste Constitutionnel.*

Jeune encore, Deflers avait su fouler aux pieds les vains préjugés de l'orgueil, et dans le sein de sa famille, au milieu des guerriers qui marchaient avec lui sous l'antique bannière des lys, il s'était toujours montré le partisan des principes de cette philosophie dont J. J. Rousseau et Mably avaient fait l'apologie, qui annonçait aux peuples de leur âge une révolution prochaine dans le système politique moral et religieux, dont il n'a pu voir les préceptes mis à exécution parce que le despotisme et l'anarchie se sont réunis pour s'opposer tour-à-tour à leurs triomphes, que pour reussir il fallait un roi constitutionnel, formé à l'école du malheur, assez grand pour ne désirer le pouvoir que pour faire le bien; assez fort pour faire respecter les lois, terminer les querelles, réunir tous les esprits et concilier tous les cœurs. Sous la monarchie, Deflers attaché par sa naissance à l'ordre de la noblesse, avait passé avec rapidité par tous les grades militaires. En 1780, il était maréchal de camp. Deflers, à l'époque de la révolution, fut appelé à la défense de la patrie, il servit à l'armée de Dumourier au camp de Maulde. Il fit la plus belle défense au lieu qu'il commandait; il y reçut un coup de fusil; cette blessure et sa bravoure le firent confirmer dans le grade de maréchal de camp.

Les opinions du général Deflers, quelques fautes militaires, la haine de Dumourier qu'il avait encourue, lui avaient fait des ennemis, il dut succomber aux coups qu'ils lui portèrent. Il était à l'armée des Pyrénées-Orientales dont il avait obtenu le commandement lorsqu'il fut destitué, regardé comme un traître; ses ennemis le firent arrêter, il fut conduit à Paris, livré au tribunal révolutionnaire et condamné à mort, le 4 thermidor an 2. Quelle justice que celle des temps de trouble et de révolution !

DEJEAN, *Patriote Constitutionnel.*

La ville de Castelnaudary est la patrie du général *Dejean*, il naquit au mois d'octobre 1749, et dut le jour à des parens vertueux qui tenaient un rang distingué dans la ci-devant province du *Languedoc*. Jean-François-Aimé-Dejean, fit ses premières études avec succès. Reçu à l'école de *Mézières*, son caractère heureux, son application lui méritèrent l'estime des maîtres et l'amitié de élèves. Il n'avait pas vingt ans qu'il annonçait déjà qu'il était fait pour parcourir un jour la plus brillante carrière et occuper les premières places militaires et administrative. En 1770, il avait obtenu tous les grades par ses talens, son actieité, et son amour pour le travail. Ami de son pays, il le servit avec zèle et aux armées et dans les fonctions diplomatiques ; ses services lui ont mérité d'être nommé directeur de l'administration de la guerre, ayant rang et fonctions de ministre. On ne pouvait faire un meilleur choix, le gouvernement et nos guerriers virent avec plaisir l'avancement de cet officier que l'arme du génie s'honorait de posséder, et qui pouvait être également utile à la tête des armées, en conseil secret, et à la cour du roi.

DELATRE, *Républicain.*

C'est donc à l'ombre des Cyprès et toujours au milieu des tombeaux que nous devons chercher les objets de notre admiration et de nos hommages. La foudre des combats et le glaive des bourreaux ont multiplié les victimes; elles sont si nombreuses que les noms des braves pourraient tomber dans l'oubli si la plume de l'historien ne se faisait un devoir de les conserver. Qui pourrait le croire que des guerriers français si terribles sur un champ de bataille aient pu se laisser égorger comme un troupeau timide, par des hommes lâches et feroces; horrible effet de la terreur lorsque la force fait les lois et que le crime triomphe! Parmi les guerriers dont la fin fut cruelle, on remarqua le jeune Delatre, né à *Saint-Valery* (Seine-Inférieure); il avait servi la patrie avec zèle à l'armée des Pyrénées-Orientales; le sort des armes est inconstant, et les meilleurs capitaines ont connu les revers; mais dans un temps où les généraux avaient ordres de vaincre, *Delatre*, battu par les Espagnols, devait paraître coupable; arrêté avec le général *d'Aoust*, ils eurent la même prison, et le mêmes jugement enleva à la France deux guerriers qui pouvaient un jour en faire l'ornement et la gloire; le général Delatre était âgé de 29 ans, lorsqu'il périt sur l'échafaud le 14 messidor an 2.

DELISLE (l'abbé), *Royaliste*.

Aimable auteur des *Jardins*, de *L'homme des champs*, des trois *Règnes de la nature*, élégant traducteur de *Milton* et de *Virgile*, salut! comment pourai-je te louer dignement, qu'elle muse daignera m'inspirer, quel poëte pourra me prêter et sa lyre et ses chants? pour parler de toi j'emprunterai tes divins accens; en citant tes vers harmonieux, je ferai connaître t'on âme toute entière, et mes lecteurs apprendront en même temps à rendre hommage à son beau talent.

C'est à l'homme des chants à qui je fait mon emprunt.

Heureux qui dans le sein de ses dieux domestiques
Se dérobe au fracas des tempêtes publiques,
Et dans un doux abri trompant tous les regards
Cultive les jardins, les vertus et les arts.
Tel quand des Triumvirs la main ensanglantée
Disputait les lambeaux de Rome épouvantée,
Virgile, des partis laissant couler les flots,
Du nom D'amaryllis enchantait les échos.
Nul mortel n'eut osé, troublant de si doux charmes,
Entourer son réduit du tumulte des armes;
Et lorsque Rome enfin lasse de tant d'horreurs,
Sous un règne plus doux oubliait ses fureurs,
S'il vint redemander au maître de la terre
Le champ de ses ayeux que lui ravit la guerre,
Bientôt on le revit loin du bruit des palais
Favori du dieu *Pan*, courtisan de *Palès*.
Fouler près du beau lac où le cygne se joue
Les prés alors si beaux de sa chère Mantoue,
Et tranquille au milieu des vergers, des troupeaux,
Sa bouche harmonieuse errait sur les pipeaux
Et ranimant le goût des richesses rustiques
Chantait aux fiers Romains ses douces géorgiques;
Comme lui je n'ai point un chant de mes ayeux,
Et le peu que j'avais je l'abandonne aux dieux;
Mais comme lui fuyant les discordes civiles
J'échappe dans les bois au tumulte des villes,

Et content de former quelques rustiques sons,
A nos cultivateurs je donne des leçons.
Vous donc, qui prétendiez profanant ma retraite,
En intrigant d'état transformer un poëte,
Epargnez à ma muse un regard indiscret ;
De ses heureux loisirs respectez le secret ;
Auguste triomphants pour *Virgile* fut juste
J'imitai le poëte, imitez donc Auguste
Et laissez-moi sans nom, sans fortune et sans fers,
Rêver au bruit des eaux, de la lyre et des vers.

Ce favori des muses, ce digne rival *de Virgile*, de *Thompson*, de *Saint-Lambert*, de *Bernis*, fut encore citoyen. Tout dévoué à la cause des petits fils du grand *Henry*, il ne voulait pour maître que l'héritier légitime du *bon roi*. Que de larmes il a versé sur la triste destinée du vertueux Louis XVI. Comme il aima les Bourbons dont il se plut si souvent à chanter les vertus.... Il avait un amour de prédilection pour ce prince magnanime, aujourd'hui roi de France.... Sa muse bien inspirée imitait le chantre de Mantoue, et lisait dans l'avenir, lorsqu'il s'adressait à l'*Alexandre du Nord* et lui disait :

Jeune et digne héritier de l'empire des *Czars*,
Sur toi le monde entier a fixé ses regards,
Quels prodiges nouveaux vont signaler ta course !
Tel que l'astre du nord, le char brillant de l'ourse,
Toujours visible aux yeux dans ton climat glacé,
Comme un phare éternel par les dieux fut placé,

Ton regard vigilant du fond du pole arctique,
Sans cesse éclairera l'horison politique,
Ta sagesse saura combien est dangereux
Le succès corrupteur des attentats heureux,
Oui, tu propageras ce prince déplorable,
Que relève à tes yeux une chute honorable :
Qui, d'un œil paternel pleurant des fils ingrats,
L'olive dans sa main en vain leur tend les bras,
Quel malheur plus touchant, quelle cause plus juste
Réclament le secours de ta puissance auguste,
Souviens-toi de ton nom, Alexandre autrefois
Fit monter un vieillard sur le trône des rois,
Sur le front de Louis tu mettras la couronne,
Le sceptre le plus beau c'est celui que l'on donne.

L'abbé Delille a chanté plusieurs fois les brillantes qualités et les douces vertus de *Charles-Philippe*, sa muse se plut à le célébrer dans les bosquets de *Maisons* et de *Bagatelle*... Temps heureux !

Delille n'est plus...; mais il vit dans les cœurs des amis des beaux vers ; sa mémoire est toujours chère aux âmes sensibles, aux amans de la nature : tous les jours les Français et les étrangers viennent porter sur sa tombe les fleurs de la reconnaissance et de l'amitié ; c'est là, qu'oubliant leurs vieilles querelles, on les voit ensemble verser de douces larmes et réciter les vers touchans sortis de sa plume aimable et facile.

DAMBARÈRE, *Patriote*.

Destiné dès sa plus tendre jeunesse à l'état militaire, *Dambarère* avait choisi l'arme du génie. Il commandait à Brest en 1792, et mettait cette ville en état de défense, lorsqu'il reçut ordre de se rendre à l'armée du Nord; il assista à la bataille de *Jemmapes*, à celle de *Nweinde*. En l'an 8, il fut nommé commandant du génie à l'armée d'Italie. Pendant l'amnistie qui fut le résultat de la mémorable bataille de *Marengo*, le général *Dambarère* fut envoyé en Bretagne, pour y régler le système défensif des côtes; ses mémoires et ses rapports, sont précieusement conservés et souvent consultés; son éloge historique de *Vauban*, imprimé en 1784, fut le premier ouvrage de ce genre, publié dans le corps du génie, en l'honneur de son illustre fondateur; c'était le disciple qui retraçait, avec vénération, les grands travaux et les vertus du maître; il a fait imprimer aussi un petit ouvrage intitulé : *Coup-d'œil pour distinguer et classer les différentes parties de l'art de la guerre, sur-tout pour reconnaître l'étendue et l'influence de celles qui appartiennent à l'arme du génie.* Le général *Dambarère*, réunit aux qualités de bon militaire, celles d'un homme de bien, et c'est ce qui lui a mérité l'estime publique, partout où il a été connu. Le vœu unanime de son département l'avait désigné, en l'an 12, candidat pour le *sénat*.

DELMAS, *Patriote*.

Antoine-Guillaume *Delmas* naquit à Argental (Corrèse), le 21 janvier 1768; chef du 1er. bataillon de ce département, il fit la campagne de 1792, et l'année suivante, il fut nommé général de brigade et général de division, le 19 septembre de la même année; il servit aux armées du Rhin; il devait remplacer *Landrement*, en qualité de général en chef; mais sur les observations qui furent faits aux comités de gouvernement, que ce brave officier n'avait pas l'expérience nécessaire pour diriger une grande armée, il fut envoyé à *Landau*; il fut ensuite chargé du siège de la forteresse de *Crève-Cœur*, dont il se rendit maître; quelques jours après, *Delmas* prit encore un fort à 250 toises du corps de la place de *Bois-le-Duc*, dont il franchit les palissades à cheval, et suivi du 18e. régiment d'hussards. Cette manière de prendre les places n'était pas alors dans la tactique accoutumée; mais dans le cours de cette guerre, l'audace ne suivit pas toujours les règles de l'art; il servit ensuite sous les ordres du général

Moreau, à l'armée de Rhin et Moselle, il se distingua à la bataille de *Rodstat*. Après la rupture du traité de *Campo-Formio*, *Delmas* passa à l'armée d'Italie, commandée par *Schérer*; à *Lugano*, il fut blessé à la cuisse; à la bataille du 16 germinal de l'an 7, il avait électrisé nos soldats, malgré les revers qu'ils avaient éprouvés; on raconte le fait suivant, qui mérite d'être cité :

« Un corps de grenadiers marchait sur une redoute qui vomissoit la mort de tous côtés, un jeune conscrit se trouvait dans les rangs, et se précipitait sur la redoute. Un vieux grenadier dont, sans doute, il gênait le passage, lui dit : « allons, jeune homme, que fais-tu là ? ce n'est pas ta place, mets-toi de ce côté; » le conscrit, piqué de ce propos, s'élance comme l'éclair, se trouve sur le parapet de la redoute avant le grenadier, et se tournant vers eux, se met à crier : « à moi, conscrits ! » En l'an 8, *Delmas* servit encore à l'armée du Rhin, sous les ordres du général *Moreau*; il combattit à la tête de la 57e., à la bataille de *Mœskirch*; de cette 57e., de laquelle le brave *Moreau* disait : « si votre conduite en Italie ne vous avait pas donné, dès long-temps le nom de *terrible*, les autrichiens vous l'auraient donnée à la bataille de *Mœskirch*. » Heureuse 57e., ton courage et cet éloge de *Moreau*, doivent te rendre à jamais immortelle.

Delmas fit encore une campagne sous les ordres du général *Brune*; la paix de Lunéville, ayant arrêté le triomphe des armées français, ce brave guerrier se condamna à la retraite et au repos.

DENON, *Patriote*.

« Egypte! sécrient les auteurs des archives de l'honneur, ton nom rappelait d'antiques souvenirs, et les vastes débris qu'offrent ton sein, immortels comme le temps, étaient l'objet des courses vagabondes du voyageur, et des méditations silencieuses du sage, seuls encore occupés de ton existence.... mais une nouvelle renommée te donne une gloire nouvelle; » tu la dois à ces français, dont les uns furent dans une terre stérile combattre encore et vaincre.... et les autres apprendre et instruire. » Braves, qui sur les bords du *Nil* avez été cueillir les lauriers des talens, et de la victoire, vous vivrez dans les siècles futurs, et tout ce qui parlera de vous vivra autant que votre renommée, et que les monumens de vos travaux. *Denon*, peintre philosophe; graveur célèbre; penseur profond, Mécènes des beaux arts, salut; je veux m'occuper de toi; car dans les souvenrs que je rassemble, le grand artiste comme le brave soldat, doivent trouver une place.

Dominique Vivant *Denon*, né à Châlons-sur-Saône (Saône-et-Loire), appartient à la classe des citoyens privilégiés : il semblait, par cette fatalité, condamné à ne faire des beaux arts qu'un simple amusement ; mais la nature avait fait le jeune *Denon* artiste ; il étudia comme s'il n'avait eu d'autre ressource que son art ; sa main se plut à guider le burin, et son génie à égaler ses maîtres.

Partout où le sort, ses études, et la carrière diplomatique l'entraînèrent, il céda au besoin d'observer et d'imiter la nature ; mais la perte de l'emploi qu'il avoit obtenu des prérogatives de la naissance, décida de son sort, et les beaux arts aussitôt le placèrent pour jamais parmi leurs conquêtes ; *Denon* les avait cultivés comme amateur ; comme artiste, il va se dévouer à leur service.

Vivant *Denon* fut un de nos premiers savans qui suivirent les français, lors de l'expédition d'Egypte. Artiste, il a multiplié les ouvrages du génie ; et dans ses dessins, il esseya d'offrir la terre Antique, et son ciel dévorant, le sol éblouissant de la lumière de ces contrées, tous les monumens qui leur ressemblent, et les productions qui les embellissent.

M. *Denon* a composé, dans ces contrées lointaines, et si dignes de piquer la curiosité, son voyage, dans la basse et haute Egypte; il a prouvé, par cet écrit, qu'il était digne, à-la-fois, de peindre avec la plume et le crayon.

M. *Denon* avait été placé, depuis quelques années, parmi les membres de l'institut; il appartient à la quatrième classe (beaux-arts), section peinture; il fut ensuite nommé directeur du musée royal; et dans les fonctions qu'il a exercé en cette qualité, il s'est montré l'ami, le guide, et le Mécènes des artistes....

M. *Denon* vient de donner sa démission de cette place, plus importante qu'on ne pense.... Ne rappelons point de douloureux souvenirs.... les muses éplorées fuient la terre qui leur avait donné un asile, et les monumens qui leur avait été consacrés.... Peintres, sculpteurs français, séchez vos pleurs; que votre gloire vienne réparer nos pertes, peut-être un jour vous serez consolés !

DESAIX, *Patriote.*

« Desaix n'est plus, disent les *auteurs de la*
« *Galerie militaire*, la patrie en deuil pleure sur
« son tombeau, les guerriers le prennent pour mo-
« modèle, tous les bons citoyens s'empressent
« d'acquitter le tribut d'éloge et d'admiration dû

« à ses vertus civiles et militaires, et la renom-
« mée ne cesse de publier en tous lieux que,
« parmi les Français qui ont combattu sous les
» drapeaux de la gloire, il n'en est point de plus
« digne que le vertueux et brave Desaix, nommé
« par les soldats le guerrier sans peur et sans
« reproche, le nouveau Bayard français. »

« Desaix fut moissonné à la fleur de l'âge...;
mais son nom était déjà illustre, et si en mourant il comptait peu d'années, elles étaient
pleines de gloire et d'une existence utile à la
patrie. »

Ce brave guerrier était né à Ayat (Puy-de-
Dôme), à quelques lieues de Riom, le 17 août
1768. Il avait reçu de ses ayeux un nom, des
titres, une éducation distinguée; mais c'est à
lui-même qu'il dut ses vertus, des principes philosophiques et des mœurs irréprochables.

Il était patriote comme les gens de bien le
furent en 1789. Lorsque l'amour de la patrie
demandait une réforme et que tous les Français
s'agitaient pour obtenir cette liberté amie de la
justice, de la paix et de l'autorité. De grandes et
terribles catastrophes se sont succédées; bientôt
la trompette a donné le signal de la guerre; nos
phalanges volent au combat, l'homme de bien
vient se placer dans leurs rangs, et les camps
deviennent l'asile honorable du vrai courage, de

la fortune, de la probité; déjà Desaix s'est distingué à la prise des lignes de *Weissembourg ;* à Lauterbourg, blessé par une balle qui lui traversa les deux joues, il ne quitta point le champ de bataille, et ne voulut se faire panser qu'après avoir rallié nos bataillons qui étaient en désordre. C'est à ce combat que les Français et les Autrichiens donnèrent à *Desaix* le nom de guerrier sans peur et sans reproche.

Desaix fut persécuté, il devait l'être, il était homme de bien. Moreau, nommé général en chef de l'armée du Rhin, appella près de lui le brave Desaix et lui confia le commandement d'une division. En l'an 5, ce brave guida les premières opérations de l'armée de Rhin-et-Moselle; pendant cette campagne il fut blessé et se condamna au repos.

Desaix fut de l'armée d'Orient: il a déjà donné des preuves de courage et de talent; mais il faut opposer à un ennemi actif, infatigable, ayant de la valeur de l'audace et une grande influence dans les contrées africaines, un général capable de lui résister. Ce chef intrépide des Mamelucks est *Murat-Bey ;* c'est le brave Desaix qui fut destiné à le combattre. La campagne fut longue et meurtrière : Desaix en Egypte se montra digne d'être le rival de Murat-Bey, digne de commander les armées françaises et de remplir les fonctions d'administrateur. Il s'occupa dans ces contrées du bonheur des soldats, il gouverna avec sagesse, chercha à concilier tous les esprits, voulut être aimé, et par sa droiture, sa probité, obtint le glorieux titre de *Sultan juste,* que les Egyptiens, les Mamelucks et les Arabes du désert se font un devoir encore de lui accorder. Il vainquit par la force des armes tous ces peuples guerriers ; mais il les soumit par sa douceur, par sa bonté, par sa fidélité dans ses promesses et par la manière dont il jugeait les différends qui s'élevaient. Desaix n'a point borné là le cours de ses opérations : dans les combats, soldat intrépide, capitaine expérimenté ; lorsque la paix répandit ses doux bienfaits, il fut encore sage administrateur, ami des arts, des talens, protecteur des savans et des artistes. En parcourant cette terre antique, il en a fait l'objet de ses méditations ; il a tout vu, tout examiné avec les yeux de la saine philosophie ; il a étudié les merveilles de la nature dans ce vieux monde abandonné ; à côté de ces ruines amoncelées par le temps, il vit cette même nature toujours nouvelle produire des êtres inconnus pour lui ; il a fait fouiller les ruines de Thèbes et le débris du temple de *Tintyra.* C'est avec délices qu'il parcourut les lieux où les Pharaons et les Sésostris ont laissé de si grands souvenirs, et que les beaux monumens de leur règne, ravis à la faux du temps, ont immortalisé. Le même esprit qui l'anime dirige les officiers et les soldats de son armée; c'est avec respect qu'ils foulent aux pieds ces contrées fécondées par le *Nil*, et ces sables brûlans agités par le vent impétueux du désert.

« Ils marchaient, lorsque leurs regards éton-
« nés fixent une vaste enceinte qui, par les
« débris, les colonnes tronquées, les temples
« renversés, des pierres amoncelées et des sen-
« tiers tracés par la main des temps, dit au
« voyageur : *Ici fut une vaste cité, le séjour des*
« *rois et la capitale d'un grand empire.* Nos
« soldats se demandaient : quelle est donc cette
« cité qui fut et qui n'est plus, et le nom de
« Thèbes est bientôt dans toutes les bouches, un
« cri de joie se fait entendre, l'armée s'arrête et
« tous les soldats, par un mouvement spontané,
« portent les armes et battent des mains. »

Desaix a quitté l'Egypte, il arrive aux champs italiques, le commandement d'une division lui est confié, il est au champ de Marengo. C'est lui et sa division qui doivent enlever la victoire. Sa division s'avance, le signal est donné et nos soldats s'élancent; la fougue française, telle qu'un torrent, entraîne tout ce qui s'oppose à son passage; en un clin-d'œil le terrible défilé est franchi, le village de Marengo est emporté, l'ennemi en pleine déroute ; mais au moment du plus beau triomphe... Desaix reçoit le coup mortel, il tombe dans les bras de l'amitié, il ouvre les yeux et profère ces paroles dignes de *Bayard*: « Allez dire au premier consul que je meurs avec le regret de n'avoir pas assez fait pour vivre dans la postérité. » Desaix rendit le dernier soupir, et lorsque la nuit eut terminé le combat, que la victoire eut couronné nos guerriers, ils vinrent déposer leurs lauriers aux pieds du héros qui n'est plus, ils répandirent des pleurs, et les généraux partagèrent la douleur du soldat.

« Desaix, dit un de nos historiens, garda jus-
« qu'à sa mort la grande simplicité d'extérieur
« et de mœurs qu'il réunisssait à un courage
« peu ordinaire ; sa physionomie était pensive,
« son visage pâle, son regard ardent, son sang-
« froid inaltérable inspirait à tous ceux qui le
« fixaient le respect qui entoure le grand
« homme. »

Le corps du général Desaix fut transporté au couvent de Saint-Bernard, sur le sommet des Alpes, où il a dû lui être élevé un mausolée.

DESFOURNEAUX, *Patriote*.

Le nom de Desfourneaux, long-temps célèbre en Amérique, est celui d'un guerrier regardé avec juste raison comme le général qui combattit avec le plus de succès pour le salut des colonies françaises. Vingt années d'un service effectif, onze blessures reçues au champ d'honneur, une bravoure éclatante et des talens supérieurs lui ont mérité un prompt avancement; c'est sur le champ de bataille qu'il fut élevé de grade en grade jusqu'à celui de général en chef. Ce brave se rend particulièrement recommandable, pour avoir fait la guerre la plus active et la plus pénible, dans des contrées lointaines, sous un ciel meurtrier qui a moissonné tous ses frères d'armes et presque tous les bataillons qui avaient combattu sous ses ordres.

Etienne-Bonne Desfourneaux naquit à Vezelay, canton d'Avalon (Yonne), le 10 décembre 1769. Il fut élevé au collége militaire d'Auxonne et n'avait que quinze ans lorsqu'il vint se placer en qualité de soldat dans le régiment de Conti. Il a fourni depuis la plus belle carrière, a fait dans les colonies les plus grandes choses avec de petits moyens, a su prouver dans toutes les occasions qu'il était aussi bon administrateur que guerrier, et que dans toutes ces contrées le gouvernement aurait pu l'employer avec confiance. Il vit maintenant dans les possessions qu'il a acquises.

DESGENETTES, *Patriote*.

Quel écrit peut louer avec dignité ces âmes

généreuses qui se sont dévouées pour les braves, dont ils ont partagé les dangers, et dont ils furent les émules en patriotisme et en courage; lorsque la discorde et l'intérêt arment les princes et les sujets, que la foudre des combats fait le destin des empires; au fort de la mêlée, lorsque le sang coule, et que les blessés, couchés sur la poussière, réclament les secours d'une main amie, et les soins de l'homme habile, on voit alors les officiers de santé sous le feu de l'ennemi, remplir un pieux devoir; dans ce poste d'honneur, plusieurs reçoivent des blessures graves, d'autres sont frappés du coup mortel; rien ne peut arrêter leur dévouement. Un autre genre de mort attend au milieu des hospices militaires placés sous le ciel de la patrie, sous le sol étranger, ces mortels révérés, qui, sans craindre les miasmes infects et putrides, font usage de cette âme forte que leur donne la nature, et trouvent dans leur génie, dans leurs talens, des moyens efficaces et prompts, pour guérir les malades confiés à leurs soins.

M. René *Desgenettes* qui nous occupe en ce moment, doit être compté parmi ces hommes utiles, que le temps présent honore, et que les siècles futurs s'empresseront de louer; il est né à *Alençon* (Orne), en 1762, d'une ancienne famille originaire d'*Essay;* il fut l'élève de la dame Pommeral *Du Gage*, son alliée, dont *Linnée* a immortalisé le nom et consacré les connaissances en botanique; le goût des sciences qui servent d'introduction et de base, à la théorie de la médecine, disposèrent M. *Desgenettes* à embrasser cette profession.

M. *Desgenettes* prit ensuite les leçons du célèbre *Pelletan*, voyagea beaucoup et avec fruit, se lia avec les savans de tous les pays; et lorsque la révolution éclata en France, pour être encore plus éloigné des factions qui agitaient la patrie, il demanda du service aux armées; et fut envoyé à celle d'*Italie;* il venait d'être nommé par le gouvernement médecin en chef de l'armée d'Angleterre, lorsqu'il reçut l'ordre de s'embarquer pour l'expédition d'Egypte; c'est sur cette terre antique, sur les bords du *Nil :* « que M. *Desgenettes* conçut le projet de faire, sur la mort, de nouvelles conquêtes ; le succès couronna ses travaux, et la mort étonnée lui céda ses victimes; c'est dans la campagne de *Syrie* qu'il fut dit de ce digne rival des médecins illustres. » *Desgenettes* est monté à la brèche de sa profession. »

Un de nos grands capitaines, *Berthier* a dit: « le médecin en chef de l'armée d'Égypte parcourt les hôpitaux, visite chacun des malades, et calme d'abord leur imagination effrayée; il soutient, que les bubons qu'ils prennent pour des syptômes de peste, appartiennent à une espèce de fièvre maligne dont il est très-facile de guérir, avec soins et des ménagemens ; il va jusqu'à s'inoculer, en présence des malades, la matière de ces bubons, et emploie pour se guérir les remèdes qu'il leur donne. ».

C'est cette acte sublime du plus beau dévouement, que la poésie et la peinture ont déjà célébré, et qui doivent à jamais immortaliser le courageux *Desgenettes*.

De retour d'*Egypte*, le successeur des *grands médecins* dont la France s'honore, fut nommé médecin en chef de l'hôpital de *Strasbourg*, prit ensuite possession de la chaire à l'école de médecine de Paris, et fut depuis appelé à remplir les fonctions d'inspecteur-général du service de santé des armées.

Parmi les ouvrages qui établissent la réputation de M. *Degenettes*, on a remarqué son histoire médicale *de l'armée d'Orient;* il fut l'ami de *Kléber*, et voici ce qu'il dit de ce général de l'armée Française, dont il entreprend de faire l'éloge : « En vain la grande âme de *Kléber* était sans cesse occupée des intérêts et du soin de son armée souffrante, à laquelle sa fortune se trouvait si étroitement unie ; en vain cet homme, qui fut en même temps, général et soldat, courageux et sensible, guerrier et philosophe, conquérant et juste, portait ses vues et sa sollicitude sur tous les délits du service : les meilleurs plans, les plus sages mesures ne restaient pas sans exécution et sans effet ; on vit le cœur généreux de *Kléber* se peindre tout entier, dans les expressions si belles, qu'il adressait la veille de sa mort, au médecin en chef.... » on sait dans l'armée, combien j'ai pour vous de l'amitié.... c'est une lettre de crédit dont il faut vous servir pour faire du bien.... tirez sur moi hardiment, je ferai honneur à ma signature. »

DESSEIN, *Patriote*.

Ce guerrier n'avait que quinze ans, lorsqu'il quitta Orthés (Basses-Pyrénées), son pays natal, pour servir sa patrie en qualité de simple soldat, dans un régiment français. Soldat !.... ce nom plait à son âme enchantée ; c'est le premier grade envié des héros. Le soldat est souvent tout par lui-même, et rien par ses aïeux ! des talens et du courage, voilà ses titres. Tel fut le brave *Dessein* ; il n'a que vingt ans, et dans les rangs des soldats où il est admis, il a bientôt mérité le grade de sergent-major ; les vétérans l'admirent, les officiers le respectent, les soldats le prennent pour modèle. Il avait conquis tous les grades et obtenu celui de général de division; il est ensuite nommé inspecteur aux revues de la 11e. division; ce poste honorable convenait à ce guerrier excellent administrateur, homme probe, bon fils, bon parent, bon ami, patriote désintéressé, et toujours fidèle à ses devoirs.

DESPINOY ; *Patriote-Constitutionel.*

Les muses et la victoire ont couronné ce guerrier; il fut le digne compagnon de *Dugommier*, soldat philosophe, hommes de lettres instruit. « Il offrit comme son modèle, disent les auteurs de la galerie militaire, l'exemple des mêmes vertus, la grandeur d'âme, la noblesse des sentimens, et le désintéressement qui rehausse encore l'éclat des autres vertus. »

Hiacinthe-François-Joseph *Despinoy*, nâquit à Valenciennes, le 22 mai 1764, d'une famille ancienne. Voué dès l'enfance à la carrière militaire, il y entra à 16 ans, comme officier, et il était capitaine de grenadiers au 91e. régiment, à l'époque de la révolution française.

Parvenu au grade de général de division, pendant plusieurs années ; il a commandé la place d'Alexandrie, en Piémont.

Despinoy, en l'an 10, fit paraître une ode à la paix il voulait exécuter ce que Rousseau (J. B.) n'avait fait qu'envisager dans ses cantates : il a réussi.

La littérature française, doit à ce guerrier, une traduction en vers français, d'un poëme d'Ossian, qui a pour titre : *Cathelaina*, ou les Amis rivaux ; ce n'est cependant qu'une heureuse imitation ; l'ouvrage participe tour-à-tour de l'épopée et du drame, de l'élégie et de l'ode.

Ainsi, le général *Despinoy*, avoit également honoré et les armes et les lettres ; sage défenseur de la liberté, ami de son pays, des hommes et des lois; il avait traversé avec honneur les diverses époques de la révolution, et son nom ne s'attache qu'à des souvenirs glorieux. Depuis la seconde restauration, objet de ses vœux, *Despinoy* commande la première division militaire.

DOLOMIEU, *Patriote*.

Célèbre naturaliste, plus célèbre encore par ses malheurs... La patrie le pleure, les savans le révèrent et les gens de bien aiment encore ses écrits et sa personne.

DUCIS, *Royaliste*.

Quelle belle âme que celle de *Ducis!*... poëte tragique! il saisit le poignard de *Sakespear*, et triompha sur la scène française ; il a composé des poésies légères, dans lesquelles il a developpé toute la candeur, toute la franchise d'un honnête homme ; toujours fidèle à son roi, toujours fidèle aux Bourbons, il aurait bravé pour eux les fers, les poignards du despotisme, les proscriptions, et les échafauds *des temps révolutionaires.*

DUFOUR, *Patriote.*

Lorsque la valeur française fixait tous les regards, et que l'univers, étonné, contemplait les braves qui, malgré les ambitieux, les traîtres et les perfides, suivaient le sentier de la gloire et ombrageaient leur front de lauriers, bien mérités, George-Joseph Dufour, né à Saint-Seine, (Côte-d'Or) le 15 mars 1758, qui déjà avait suivi la carrière des armes, vint se placer au premier rang des soldats de la patrie, où il obtient tous les grades; il eut pour parent le fameux chef de partisans *Fischer*, qui lui avait légué son talent et son goût pour la guerre.

Dufour avait quitté les études de l'adolescence pour le service des armes, et fut placé en qualité de soldat dans les régimens de *Poitou* et maréchal de Turenne. Il a fait plusieurs campagnes toujours avec gloire; il a commandé la 11e. division militaire (Bordeaux) et la 21e. (Poitiers.)

Parmi les belles qualités qui distinguent le général *Dufour*, disent les auteurs de la galerie militaire, on se plaît à louer sa bravoure et la franchise de son caractère. La nature l'a doué d'un cœur excellent, d'une belle âme; il est affable, humain, généreux, accessible au soldat, dont il fut le père. *Dufour* a de nos aïeux les mœurs simples et pures; il eut pour aide-de-camp le jeune *Niou*, le modèle des jeunes aides-de-camp. (*Voyez* Niou.)

DUGOMMIER, *Républicain.*

« Les chefs et les soldats révèrent sa mémoire. »

Le général *Dugommier* est un de ces braves, qui s'est assez illustré aux yeux de ses contemporains par sa vie honorable et sa mort glorieuse, pour que sa mémoire soit chère à tous ceux qui portent un cœur français et qu'animent le sentiment de la gloire nationale.

Jacques-Camille Dugommier, l'un des grands planteurs de la Guadeloupe, possédait, avant la révolution, plus de deux millions de biens: il jouissait des douceurs de la vie agricole, lorsque la trompette guerrière, qui rétentissait de toute part, se fit entendre dans les Antilles. Il était chevalier de Saint-Louis, et son devoir l'appelait à la défense de son pays, menacé. Patriote, il fut nommé colonel des gardes nationales de la *Martinique.*

Ayant éprouvé quelques désagrémens dans les colonies, il passa en France, mais abandonné, pauvre, et ne pouvait subsister qu'à l'aide de ses mains.

Enfin, le gouvernement daigna jeter les yeux sur cet homme de bien, Dugommier fut nommé général de brigade, et envoyé à l'armée d'Italie; il partit avec *Chévrigny*, le plus jeune de ses fils, et c'est en vendant, à son arrivée à *Nice*, les restes de sa vaisselle, qu'il subsista et fit subsister toutes les personnes qui lui étaient attachées. Sa campagne fut glorieuse; dans les succès et dans les revers, il prouva qu'il savait commander, et se montrer digne d'éloges dans la bonne et la mauvaise fortune. On lit avec intérêt les détails sur les combats qu'il eut à livrer, et sur ses beaux faits d'armes et dans l'attaque et dans la défense.

Ce fut *Dugommier* qui fut chargé de reprendre *Toulon*.... Cette importante cité, ce port important, l'un des plus beaux de la France, est en notre pouvoir..... Un cri s'élance du Var à l'ouest, des Pyrennées, aux bords du Rhin; c'est la patrie qui le félicite. Cette bonne nouvelle est pour elle le baume salutaire qui la recrée, la console, et peut appaiser ses douleurs dans l'infortune qui l'accable.

Dugommier est passé à l'armée des Pyrennées. C'est dans les opérations de cette campagne qu'il employa la science des marches, cette science conservatrice des hommes, qui a fait la gloire des *Turenne*, des *Montecuculli*, du maréchal de *Saxe*. Après s'être illustré dans les combats, le brave *Dugommier* était posté sur la montagne Noire, d'où il distinguait les opérations de l'armée, lorsqu'un obus, lancé par les ennemis, le frappe, le renverse.... Il rendit le dernier soupir dans les bras de la victoire, qu'il légua à Perignon, son digne successeur.

Ainsi périt Dugommier, que ses victoires avaient fait nommer à juste titre le *libérateur du midi*. Toute la France donna de justes regrets à sa mémoire : son nom fut inscrit au Panthéon, sur la proposition du général *Despisnoy* faite à la convention. Le département *des Pyrennées orientales*, qu'il avait si vaillamment défendu, adopta ses mânes protecteurs, il fit transporter ses restes de Bellegarde à Perpignan, où ils attendent encore un tombeau de la reconnaissance nationale.

DUGUA, *Républicain*.

Un courage intrépide, une activité infatigable, unis à la maturité de l'âge, ont fait la renommée du général *Dugua*. Ce brave fut l'ami, le compagnon d'armes de *Dugommier*; il fut donc homme de bien et patriote.

Après avoir fait plusieurs campagnes avec distinction, Dugua avait été nommé préfet du département du *Calvados*. Pendant son administration, il s'efforça de faire fleurir l'agriculture et le commerce ; il prouva qu'il aimait tout ce qui est beau, tout ce qui est grand et tout ce qui est utile aux hommes.

Une armée ayant été formée pour aller à Saint-Domingue, réconquérir cette île à la patrie ; il se plaça dans les rangs de nos guerriers. Ayant été blessé à l'attaque de la Crête, du fort à Pierrot, déjà affaibli par de longues fatigues, il ne survécut pas à ses blessures, et mourut emportant avec lui l'estime générale, les regrets de toute l'armée, et ayant rempli sa destinée puisque, jusqu'à son dernier jour, tous ses momens avaient été consacrés à la gloire et à la patrie.

DUHESME, *Patriote*.

Bon capitaine, brave soldat, homme instruit ; nourri de la lecture de Plutarque et de l'histoire romaine, passionné pour cette philosophie pratique qui fixe irrévocablement les droits et les devoirs de l'homme, aimant la patrie avec ivresse, tel se montra le général Duhesme. La carrière était ouverte à l'émulation, au talent, le jeune Duhesme s'empressa de la parcourir. En 1791, la guerre venait d'être déclarée à l'Autriche ; il s'était enrôlé comme soldat ; bientôt il est nommé par ses camarades capitaine du deuxième bataillon de Saône-et-Loire, et le voilà qu'il marche, à l'égal des braves qui le placèrent parmi les grands capitaines, et qu'il se montre guerrier instruit et sage administrateur. *Duhesme* a fait ses premières courses en partisan et il s'est formé dans l'art militaire ; depuis, il a fait toutes les campagnes où les Français ont acquis tant de gloire ; il a secondé nos généraux les plus illustres, et son nom est à jamais célèbre. Toujours fidèle à ses devoirs, chargé de travaux et de blessures, il est digne de l'estime publique

DULAULOY, *Patriote*.

Charles-François Randon Dulauloy servait déjà son pays dans la carrière des armes lorsque la révolution française se déclara. Il était entré en 1780 dans le corps royal de l'artillerie, en 1791 il fut fait capitaine, et adjudant-général le 2 février 1793. L'arme de l'artillerie a toujours placé cet officier parmi ceux qui avaient acquis l'estime et la confiance de leurs chefs. Il a servi à l'armée du *Nord*, à l'armée de l'*Ouest* ; en l'an 3, le gouvernement, qui connaissait l'activité du général *Dulauloy* l'appella auprès de lui pour l'employer au mouvement des armées, et n'eut qu'à se louer des services qu'il rendit dans ce nouvel emploi. Il passa à l'armée du Nord, ensuite à celle de Sambre-et-Meuse, et en Italie. De retour en France, l'école d'artillerie de *Metz* fut mise sous sa direction. Il a été nommé inspecteur-général d'artillerie; c'est dans ces fonctions, qu'honoré de la confiance du gouvernement, ce général a servi la patrie et justifié l'estime publique par ses talens, sa modestie et les vertus de sa vie privée.

DUCOS, *Patriote constitutionnel.*

Jeune homme que le département de la Gironde s'applaudissait d'avoir nommé député à la Convention nationale. De l'esprit, de l'amabilité, une manière de penser digne de ses commettans distinguaient le représentant du peuple *Ducos* : il était à l'assemblée nationale comme un jeune chêne qui s'élève au milieu des vieux enfans de l'antique forêt. Son jeune courage se montra inaccessible à la crainte, à l'ambition..... Il dut succomber, parce qu'il était fidèle à la patrie, à ses sermens. Il fut une victime du 31 mai, et mourut sur l'échafaud, comme les dignes compagnons de son infortune, gémissant sur les malheurs de la patrie, mais sans faiblesse et sans regret de quitter une vie qu'il avait déjà dévouée à la patrie.

DUMAS (Alexandre), *Républicain*.

Alexandre Davy *Dumas* était né à *Jérémie* (île Saint-Domingue), le 25 mars 1762; il était fils d'Antoine-Alexandre *Davy*, marquis de la Pailleterie, chevalier de Saint-Louis, commissaire extraordinaire de l'artillerie, qui avait été page de Louis XV, gentilhomme du prince de *Conti*, et avait servi d'une manière honorable et distinguée, surtout au siége de Philisbourg, où il se fit connaître par plusieurs actions de bravoure.

Simple soldat, Davy *Dumas* obtint tous les grades par ses vertus, son activité, son intelligence et son civisme.

Davy *Dumas* fut immortalisé à Brixen (armée d'Italie) : c'est là, qu'à la tête de la cavalerie, il poursuivit les ennemis, tua de sa propre main plusieurs cavaliers autrichiens, et fut blessé légèrement de deux coups de sabre, à côté de son aide-de-camp. C'est dans cette journée que ce brave, pendant plusieurs minutes, arrêta seul sur un pont un escadron de cavalerie ennemie qui voulait passer, et donna le temps aux siens de le rejoindre ; c'est pour cette belle action que le général en chef disait au directoire exécutif : « J'ai l'honneur de vous présenter l'Horatius » Coclés du Tyrol. »

Davy Dumas a fait la campagne d'Égypte; il avait été conservé en non activité dans l'organisation de l'armée.

DUMAS (Mathieu).

L'auteur de l'ouvrage ayant pour titre : *Précis des Événemens militaires, ou Essai historique sur la campagne de* 1799, ne put rester dans l'oubli ; envain avait-il gardé l'anonime, on reconnut bientôt, à l'éloquente simplicité du style, aux judicieuses observations, à l'exactitude des faits, à la précision des détails, à la manière enfin de rapprocher les opérations de guerre, des principes de l'art, et d'en faire remarquer les applications, un guerrier qui s'est tenir la plume et l'épée, et qui fut utile à sa patrie ; dans le sanctuaire des lois, dans les camps, dans la solitude du cabinet, pendant la paix, pendant la guerre : cet écrivain estimable est Mathieu *Dumas*, né à Montpellier, appartenant à une ancienne famille de la ci-devant province de *Languedoc*.

Lorsque la France, malgré son roi, eut conçu, par ses ministres, le projet de protéger les insurgés Américains, que les français accouraient sur des rives ensanglantées pour secourir les enfans de la liberté, cueillir des lauriers et apprendre le grand art de briser avec sagesse les fers de la tyrannie, et payer leur tribut d'admiration bien dû à des citoyens soldats et à des soldats citoyens, on vit dans leurs rangs le guerrier qui nous occupe; il avait obtenu du service dans l'armée du général *Rochambeau*, dont il fut l'aide-de-camp; quelques temps après il fut nommé aide-maréchal-de-logis, ou chef de l'état-major, avec brevet; il revint à Paris où il eut le grade de major, et fut employé dans l'état-major-général. Chargé d'honorables missions, il les remplit avec honneur, et reçut du gouvernement les récompenses qu'il méritait.

En 1791, il fut élu député à l'assemblée législative : l'amour de la patrie lui fit accepter des fonctions augustes, mais pénibles dans des temps orageux; il se fit remarquer par la sagesse de ses opinions, par son courage, par son amour pour le bien public. Le 19 février 1790, il fut élu président de l'assemblée nationale, et succéda à *Condorcet*. Après le 10 août, M. *Dumas* se condamna au silence. En l'an 4, il fut élu membre du corps législatif aux anciens; c'est là qu'il se réserva l'honneur de célébrer les exploits de nos guerriers; c'est à cette époque qu'il composa un ouvrage intitulé: *des Résultats de la dernière campagne*, duquel on a dit qu'il parlait de la guerre en officier dont les talens sont réels, et de la paix en philosophe éclairé. Cet officier général n'a cessé de remplir avec éloges, des places *administratives*.

DUMERBION, *Républicain*.

Ce brave avait bien servi la patrie sous le régime monarchique, il crut qu'il devait la servir encore, à l'époque où tous les français réunis à leur roi (Louis XVI), demandaient un régime nouveau, celui des lois consenties par la nation, acceptées ou offertes par le monarque, et protégées par le courage et le noble dévouement des guerriers de la patrie.

En qualité de général en chef, il a guidé nos bataillons ; son âge, ses travaux, son zèle, ont affaibli sa santé ; il est destitué, mais d'une manière honorable ; ce brave satisfait, quitta l'armée et se choisit une retraite ignorée, où, quelques temps après, il succomba, à l'âge de 63 ans, aux atteintes d'une maladie longue et cruelle.

DUMISNIL ou DOSMENIL (la Jambe de bois) *Patriote*.

Brave officier ! si quelques-uns de ses contemporains refusent à sa constance et à sa bravoure le tribut d'éloge qu'il mérite, la postérité est là qui le vengera. Ses braves frères d'armes ont déjà formé la couronne civique qu'il a conquise; sa double défense du château de *Vincennes*, fait autant d'honneur à son intelligence, qu'à sa fidélité. *Dosmenil* a l'honneur de porter une jambe de bois; quand les bons français veulent louer ce brave et le nommer, ils se contentent de dire *la Jambe de bois*.

DUMUY, *Patriote*.

Félix *Dumuy* (Jean-Baptiste-Louis-Philippe), nâquit à Ollières (Var), le 25 décembre 1751. Neveu et héritier du maréchal-de-camp *Dumuy*, mort ministre de la guerre dans les dernières années de la monarchie; il dut à sa naissance et à ses qualités personnelles, un prompt avancement; il fut de l'armée de *Rochambeau*, et son régiment se distingua au siége d'*Yorck* : il fit les premières campagnes de la révolution; fut nommé général de division, et fut toujours regardé comme un excellent tacticien, et un ami de son *pays*.

DUPHOT, *Républicain*.

Léonard Duphot était né à Lyon, en 1770. A l'âge de quinze ans il était soldat; bientôt, par sa bonne conduite, il a obtenu un prompt avancement, et, dans des temps plus heureux pour les braves, il a conquis tous les grades. En l'an 6, il avait accompagné à Rome l'ambassadeur de France : c'est dans ces contrées qu'il devait trouver la mort. O généreux Duphot! tel fut le sort cruel qui t'était réservé! Ni la tendresse de ta jeune amante, ni les vœux de tes amis, ni le courage des compagnons de ta gloire, n'ont pu, dans une terre étrangère, te sauver de la fureur d'une soldatesque irritée. Tu portais des paroles de paix; la haine et la vengeance t'ont frappé de leurs traits odieux, et lorsque tu tendais les bras pour attendrir des furieux, atteint du plomb meurtrier, ton dernier cri fut pour la paix, ton dernier vœu pour la patrie, ton dernier soupir pour ton amante adorée.

DUPONT, *Patriote*.

Dupont est né à Chabanois (Charente), en 1766. Il puisa dans sa famille, qui compte plusieurs militaires, un goût très-vif pour la carrière des armes, et il le manifesta de bonne heure. Au sortir de l'université de Paris, où il avait fait ses études, il fut servir en Hollande, sous les ordres de M. de *Maillebois* : de retour en France et à l'époque de la révolution, le maréchal de camp *Théobald-Dillon* le choisit pour son aide-de-camp. Il a partagé la gloire de nos guerriers; il a fait preuve de talent dans les fonctions de chef d'état-major, de ministre du gouvernement et de lieutenant général. Victime du malheur et de la calomnie, par ses vertus, sa fidélité, sa constance, il a triomphé de ses ennemis, mérité l'estime publique et la confiance de son Roi légitime.

DUPONT-CHAUMONT, *Patriote.*

Antoine Dupont-Chaumont, frère du général Dupont, est né en 1762 : entré au régiment de la Fère, infanterie, en 1777, en qualité de sous-lieutenant, il s'y fit remarquer dès les premiers instans, par une application très-vive et un caractère particulièrement propre au métier des armes. Il excella bientôt dans l'art de la tactique, qui fait la gloire de l'officier pendant la guerre et la prépare pendant la paix. Ce talent lui valut d'être choisi, très-jeune encore, pour diriger l'instruction du corps. Cette époque était celle où tous les régimens rivalisaient d'émulation dans la science des manœuvres, et cette distinction flatteuse commence avec honneur sa réputation militaire, qu'il soutint dans nos dernières guerres en obtenant tous les grades que lui méritaient son zèle, ses talens, son civisme et son dévouement.

DUPUY, *Républicain.*

La ville de Toulouse, cette antique cité des

Tectorages, surnommée la Palladienne, si fière autrefois de ses écoles de droit, de médecine et des arts, peut aussi se glorifier d'avoir donné le jour à une foule de braves dignes des lauriers de la gloire et de la reconnaissance nationale. Parmi ces généreux soldats, on distingue Dominique Dupuy, né en 1764. Ce guerrier qui avait fait la campagne d'Italie, mérité un prompt avancement, avait suivi l'armée d'Orient; il était général de brigade, et commandait la ville du *Caire*, lorsqu'il fut dans son enceinte frappé du poignard par des assasins. Son nom fut donné par le général à un des forts du Caire.

DURANTEAU.

Luc Duranteau de Beaune, est né le 8 septembre 1746. Bordeaux, cette ville qui dans nos temps de calamité a tant fourni d'hommes célèbres par leurs talens, par leur courage et par leurs malheurs, se glorifie d'avoir vu naître ce guerrier. Son nom, constamment uni à nos triomphes militaires, ne rappelle que des souvenirs honorables. Etranger à toutes les factions qui depuis vingt-cinq ans déchirent le sein de la France, Duranteau s'est contenté d'acquérir la véritable gloire, celle d'avoir versé son sang dans les combats pour la défense de la patrie. C'est pendant la campagne d'Egypte que ce brave s'est signalé.

De retour en France, il fut appelé par le suffrage unanime de ses concitoyens au corps législatif, où il a continué de servir son pays par des talens réels et l'exemple des vertus civiles.

DUROC, *Bonapartiste*.

Dans cette galerie de morts illustres, que nous nous faisons un devoir d'élever à la gloire des braves, nous placerons et nous ne pouvons nous permettre d'oublier Gérard-Christophe-Michel *Duroc*, né à *Pont-à-Mousson* (Meurthe), le 25 octobre 1772. Les études militaires furent celles de son enfance. Jeune encore il avait fourni la plus brillante carrière. S'il a partagé avec nos guerriers les dangers des batailles, il est encore une gloire plus solide qui lui appartient, c'est celle qu'il s'est acquise en stipulant, dans les cabinets des rois, les intérêts d'un grand peuple et la cause de l'humanité. Duroc sut allier les vertus civiles aux vertus militaires, et mêler l'olive de la paix aux lauriers sanglans de Bellone.

L'histoire nous offre le maréchal Duroc (car ce brave a obtenu tous les grades) comme possédant à un degré éminent la maturité de jugement, la justesse des pensées et une rare prudence; il se montra officier instruit et modeste, diplomate adroit, bon ami, serviable, plein de franchise et de loyauté. Des étrangers et des Français de distinction ont loué ce brave, et ne cessent de le louer encore, malgré son attachement pour un pouvoir qui n'est plus, et qui lui fit trouver la mort au milieu des combats.

E.

EBLÉ, *Patriote.*

Le général de division *Jean-Baptiste Eblé* est né en 1759, à *Saint-Jean-de-Rocbach* (Moselle). Il était fils d'un ancien chevalier de Saint-Louis, officier au régiment d'*Auxerre* artillerie, et qui était le doyen d'âge et de service de tous les officiers de son régiment. Après avoir passé par tous les grades, il fut nommé inspecteur d'artillerie, place due à ses connaissances et à son zèle. Le général *Eblé* a rendu les plus grands services à nos armées, et c'est une justice que les généraux en chef se sont plu à lui rendre; mais la patrie lui doit encore des hommages bien plus flatteurs : elle le place parmi ces guerriers dont les mœurs austères, l'incorruptible probité et le désintéressement parfait lui ont mérité le titre d'honnête homme, titre bien préférable à ceux que donnent la valeur, les talens et le génie.

ÉMIGRÉS (les)

Pendant la durée des discordes civiles et pour éviter les effets de la vengeance ou de la haine, souvent les hommes probes, les meilleurs citoyens sont obligés de quitter leur patrie et d'aller sur une terre étrangère chercher l'hospitalité. Ils ont abandonné leur fortune, leurs intérêts les plus chers; la nécessité leur en fit la loi.

Mais lorsqu'au danger de perdre la vie se joint l'impérieux devoir qui prescrit de marcher sous la bannière du chef du gouvernement, de ne point le quitter, et de suivre sa bonne ou mauvaise fortune, l'émigration devient honorable.... l'honneur est alors le mobile de cette action généreuse..... Malheur aux peuples qui pourraient blâmer l'émigré; malheur au factieux puissant ou usurpateur qui porte des lois de sang contre ces infortunés !

Tout Emigré est respectable,..... mais lorsque des factieux se disputent le pouvoir, ce prix du plus audacieux ou du plus féroce, et que le crime du plus fort triomphe du crime du plus faible, les vaincus fuient les vainqueurs. Si pour déchirer la patrie, ces derniers, comme *Coriolan*, vont chercher les *Volsques* et la vengeance, ils peuvent encore inspirer quelque pitié à leurs partisans, mais ils sont toujours coupables envers l'honneur, envers la patrie..... Que l'indulgence de cette patrie ramène des enfans égarés! que la conscience des coupables ne tourmente plus leur âme, et, s'il est possible, que la paix soit dans leur cœur!.....

ENTÊTÉS (les).

Ils sont nombreux les Entêtés..... Pendant les révolutions, ils se montrent avec une joie indicible. L'esprit de contradiction maîtrise les Entêtés; ils soutiennent une opinion qu'ils ont embrassée, non parce que la raison le réclame, mais parce qu'ils sont incapables de céder au bon sens, à la vérité; que leur vanité ne le souffrirait pas et qu'ils ont besoin de contredire, sans qu'ils daignent réfléchir s'ils ne font pas le malheur de tous ceux qui les environnent.

Rien ne peut ramener un Entêté, il ne veut jamais se rendre; il ne le pourrait même pas; fidèle à l'entêtement qui le domine, ce n'est pas l'opinion contestée qu'il prétend défendre, c'est sa volonté, son caprice. C'est parce qu'il a soutenu par hasard telle ou telle opinion que l'Entêté persiste..... Accordez-lui la victoire, et le voilà confondu....; il ne saura plus que balbutier.

Les Entêtés sont particulièrement à fuir dans les révolutions..... Cependant, il faut l'avouer, l'expérience prouve qu'ils ne sont pas dangereux : dans les sociétés, dans le sein de leurs ménages, ils sont insupportables ; mais l'heure de l'entêtement passée et seuls avec eux-mêmes, ils oublient tout, et ne songent point à se venger des contradictions ; ils n'ont d'autre objet en vue que de se préparer en silence à de nouveaux combats et à profiter de la première occasion. Ordinairement un entêté n'est point dénonciateur ni perfide ennemi.

ENTRECASTEAUX (d'), *Patriote.*

Henri-Désiré *d'Entrecasteaux*, né à Aix le 6 juillet 1738, était fils de M. *d'Entrecasteaux*, président au parlement d'Aix. Dès l'enfance, il fut destiné au service de la marine royale, et joignit à l'éducation domestique celle que les marins doivent recevoir. Il avait obtenu tous les grades, lorsque le gouvernement lui confia le commandement des frégates la Recherche et l'Espérance. Il devait aller à la découverte des vaisseaux l'*Astrolabe* et la *Boussolle*. Tout le monde savant s'intéressait au sort de M. de *Lapayrouse*, de cet infortuné dont on n'avait aucune nouvelle depuis son départ de *Botany-Bey*, le 10 mars 1788.

D'Entrecasteaux partit de Brest le 28 septembre 1791. Il allait à la recherche de ce brave guerrier, si digne d'occuper la sollicitude du gouvernement, des artistes et des marins. On osait espérer qu'il aurait le bonheur de remplir sa mission, mais bientôt on est instruit que *d'Entrecasteaux* n'est plus, qu'il est mort sur son vaisseau en traversant la mer de l'Inde. Les équipages ont rendu les honneurs funèbres à ce brave marin, l'objet de leur estime et de leur admiration. Homme probe et désintéressé, le père des matelots et l'espoir de la marine nationale, *d'Entrecasteaux* emporte les regrets des gens de bien. Lorsque la corvette le Leger fut arrivée à Brest, le capitaine Willaumez remit à M. de *Lalande* les détails sur le voyage *d'Entrecasteaux* autour du monde. Les feuilles de papier qui contenoient ces détails avaient été conservées par le capitaine Willaumez lui-même, et employées à envelopper des boîtes de thé.

En rappelant les services de *d'Entrecasteaux*, nous devons rendre hommage à la conduite du brave *Auribeau*, qui prit le commandement après la mort de son chef de division. Il apprend que l'infortuné Louis XVI est détrôné; toujours fidèle à ses sermens et à l'amour qu'il portait à son roi, aussitôt il arbora le pavillon blanc et fut se mettre sous la protection des Hollandais dans le port de Sumatra, ile de Java.

ERNOUF, *Patriote.*

Il n'est pas un seul officier qui ne connaisse l'influence qu'exerce dans nos armées un bon *chef d'état-major.* Être à la fois général et administrateur, saisir du premier coup d'œil le plan d'une bataille, en embrasser tous les détails, savoir diriger les mouvemens de ces grandes masses qu'on appelle armées; employer à propos les services de chaque arme, de chaque corps, de chaque soldat, telles sont les qualités qu'il doit réunir, et qui ont fait la réputation du général *Ernouf,* né à *Alençon* vers 1740, et qui s'est toujours fait remarquer par beaucoup de zèle, d'activité et d'amour du bien public.

ETIENNE, *Patriote.*

Ce nom doit nous occuper; il nous rappelle un homme de lettres, qui, jeune encore, cueillit les lauriers du talent, et qui, dans la mauvaise ou bonne fortune, a montré qu'il possédait aussi les qualités du cœur. Ses succès lui ont fait des ennemis On a vu d'un œil d'envie qu'il était fait pour réussir dans tout ce qu'il osait entreprendre. Ses premiers essais lui méritèrent des couronnes, même sur la scène française. *Thalie* daigna lui sourire; il vint se placer à côté de nos bons comiques par un premier ouvrage, que tout Paris s'empressa d'applaudir; les portes de l'Institut lui furent aussitôt ouvertes. Rien ne manquait à sa gloire, lorsque la sottise et l'envie essayèrent, malgré ses protecteurs et ses amis, de lui ravir la palme du talent, et de lui contester sa première victoire.

Un certain *jésuite*, dans un moment de joyeuse folie, créa une comédie, et le sujet, le plan et les vers n'étaient pas à dédaigner. L'ouvrage de M. *Etienne* avait beaucoup de ressemblance avec le *Conaxa* du jésuite. Des malins trouvèrent le manuscrit du professeur; on le lut, on s'en empara. M. *Etienne* fut déclaré plagiaire, et pour le prouver on plaça *Conaxa* sur le théâtre de l'Odéon. Ce fut un scandale horrible, les caricatures, les bons mots, les pamphlets, les injures pleuvaient de toute part. M. *Étienne* n'opposa qu'une défense modérée, que la patience, que le temps aux efforts de tous ses ennemis réunis.

Un seul homme pouvait rendre hommage à la vérité; au lieu de justifier, il attaqua; il fit aussi des pamphlets : on aurait dit qu'il avait besoin de se venger, et il n'avait pas été offensé.

Cependant cet homme, dont nous tairons le nom, parce que la querelle est terminée, que justice est faite et que M. *Étienne* n'a plus besoin d'apologistes, parce qu'il n'est plus l'objet que des sarcasmes de quelques froids et méchans folliculaires ; cet homme, disons-nous, pouvait venger le plagiaire supposé ; il n'avait qu'à publier une conversation qu'il avait tenue avec un homme de lettres, un mois après la première représentation des deux Gendres. S'il veut bien se rappeler cette conversation, il ne pourra nier qu'il avait pleinement justifié de plagiat M. Étienne, qu'il avait déclaré que l'auteur des deux gendres n'avait jamais eu connaissance de l'ouvrage du *jésuite;* qu'il n'avait fait que profiter d'un plan ébauché et de quelques vers que ce même personnage, de qui nous parlons, avait communiqué à M. Étienne.

Le jeune membre de l'Institut, toujours laborieux, se prépare, dit-on, à cueillir de nouveaux lauriers. On vante sa douceur, son affabilité ; il ne fut jamais ingrat, se montra toujours bon ami, et prouva qu'il sait même obliger jusqu'à ses ennemis. M. Étienne n'a jamais fait de mal à personne : un seul individu a pu se plaindre de la précipitation avec laquelle il fut jugé par lui..... Taisez-vous, petites passions ; rendez hommage au talent réuni aux qualités du cœur.

EXALTÉS (les).

Les exaltés sont en politique, ce que les fanatiques sont dans toutes les religions..... Fuyez les exaltés encore plus que les entêtés ; ils sont plus féroces que les tigres, plus cruels que les Cannibales : il n'y a point de transaction à faire avec eux ; leur volonté est *exclusive* ; il faut penser comme eux, ou bien le paraître..... ou le poignard de la haine saura vous atteindre.

L'exaltation est une espèce de folie..... Qu'ils sont à plaindre, les exaltés! car leur impatiente colère et la fureur qui les saisit fait bouillonner leur sang dans leurs veines, et met dans leur cœur la rage et le désespoir. A la moindre contradiction, au moindre geste, ils s'irritent, ils s'enflamment, ils menacent, ils parlent de vengeance et de mort. Si par hasard quelque chef audacieux a besoin de leurs bras, il ordonne, et soudain l'exalté ne sait plus qu'obéir : autre *Seide*, il brave le glaive des lois, le fer des bourreaux, la force ou la vengeance de son adversaire ; il court chercher sa victime, il l'atteint, la frappe sans pitié à coups redoublés, s'applaudit de son triomphe, et reçoit lui-même le coup mortel sans se plaindre, satisfait selon lui, de mourir pour son pays. La maladie de l'exaltation est incurable ; les exaltés sont toujours exaltés!

F.

FÉRINO, *Patriote.*

Pierre-Marie *Férino*, né à *Craveggio*, dans le *Milanais*, avait servi dans les états de S. M. l'empereur d'Autriche : il était en France à l'époque de la révolution, obtint du service, et se distingua aux armées de la *Belgique*, de *Rhin* et *Mozelle*, à celle de *Mayence*. On remarque dans la vie de *Férino* un trait qui prouve sa loyauté. Au milieu de nos divisions civiles, il ne voulut prendre aucun parti; il aurait désiré empêcher tout acte de violence qui pouvait devenir funeste à la chose publique. Aux qualités guerrières, Férino joint celles du cœur; c'est l'ami du soldat, un chef intrépide, un bon citoyen.

FERRAND, *Républicain.*

Le 16 décembre 1736, Jean-Henri-Bécais (ou Banis) *Ferrand* naquit à Montflanquain (Lot-et-Garonne). Il entra au service à l'âge de dix ans, et le 20 août 1792, il fut nommé maréchal de camp, et guida une partie de nos bataillons à l'affaire de *Jemmape*. Dumourier a prétendu, dans ses mémoires, qu'il avait fait des fautes graves ; Ferrand a répondu, et paraît s'être justifié aux yeux des militaires instruits. Le 17 avril 1795, il avait obtenu le brevet de général de division. Ferrand fut persécuté par les patriotes exaltés ; il trouva des défenseurs et opposa sa conduite aux calomnies de ses ennemis. La Belgique ayant été conquise, ce brave guerrier fut chargé de la direction de ces contrées. Le 15 messidor an 3, le général Ferrand fut remplacé par le général Tourville, dans le commandement de la ville de Bruxelles. Il était bien temps que ce brave guerrier, déjà avancé en âge, jouît des douceurs du repos. Ferrand choisit alors sa retraite, où il a vécu long-temps, à l'abri des orages, tranquille et satisfait.

FRÉGEVILLE (Henri), *Patriote-Constitutionnel.*

Cet officier général est né à Castres (Tarn); il appartenait au corps de la noblesse de ces contrées, et reçut une éducation soignée ; son propre goût et le vœu de ses parens l'avaient appelé au service militaire. Sous le règne de Louis XVI, il avait obtenu le grade d'officier supérieur, et était regardé parmi nos guerriers comme un excellent officier de cavalerie ; il fit avec gloire les campagnes de la révolution : fut nommé membre du conseil des cinq-cents, dont il fut un des secrétaires. C'est lui qui obligea les trois consuls de prêter, dans le sein des deux conseils, le serment de fidélité à la liberté et au systême représentatif.

FRIANT, *Patriote*.

Brave guerrier.... Par les services qu'il a rendu à sa patrie, et, par la bravoure et les talens qu'il a déployés en Allemagne, en Italie, en Égypte, il a mérité d'être placé parmi les militaires les plus distingués. Il fut le compagnon d'armes de Désaix; c'est sous les yeux de cet illustre capitaine qu'il a cueilli, en Égypte, de si pénibles lauriers; c'est Désaix qu'il a pris pour modèle et qu'il appelle encore son ami. Louis Friant est né au village de Morlincour, ancienne province de Picardie, le 18 septembre 1758 : il a fait presque toutes les campagnes qui, dans ces derniers temps, ont illustré le nom français. Il fut de l'armée d'Orient : à la bataille d'*Héliopolis* il contribua à fixer la victoire sous nos drapeaux, par l'habileté de ses manœuvres et les talens militaires qu'il développa. Il a parcouru une longue et brillante carrière, et le nom de Friant est toujours environné de l'estime et de la considération publique. Ami de son pays, il a tout fait et tout sacrifié pour lui.

FURCY-VERNOIS, *Patriote*.

Lorsque les foudres de la guerre cessent de retentir, que le soldat, à l'ombre des lauriers de la victoire, jouit des douceurs du repos, alors les poëtes et les orateurs s'empressent de célébrer mille beaux faits d'armes, que l'ingratitude et le temps s'efforcent d'ensevelir dans la nuit de l'oubli. Honneur à l'écrivain patriote qui venge ainsi le temps présent et la postérité d'une coupable indifférence. Braves guerriers, dont la froide cendre se mêle avec la poussière des tombeaux, le bruit seul de votre renommée ne saurait attester votre existence passée, si le burin de l'histoire, la plume de l'orateur, et la harpe plaintive du chantre des combats, ne s'occupaient de vous. Honneur au troubadour, au barde, au favori des muses, qui, par des hymnes funèbres, vous donnent la vie des souvenirs ! C'est par eux que vous triomphez des ennemis de votre gloire, des factions, de la mort. Intrépide *Furcy-Vernois*, l'espoir de ta famille et l'honneur de la contrée qui te vit naître, dont l'étude avait formé l'esprit, et la douce sensibilité avait agité le cœur, tu n'es plus ! mais tu vivras dans nos annales, et les enfans de la gloire ne pourront jamais t'oublier. Il fut tué au siége de Saint-Jean-d'Acre.

C'est de ce jeune guerrier dont parle le docteur Desgenettes, dans son ouvrage dont nous avons déjà fait mention, et qui a pour titre : *Histoire médicale de l'armée d'Orient.* Voici les propres expressions du docteur ; il s'agit de peindre une maladie, connue sous le nom d'aberration d'esprit momentanée.

« Un très-jeune officier du génie fut tué à la tranchée. Il rappelait, par les plus aimables dons de la nature, comme il retraça par ses malheurs, l'image et le sort de ce beau *Lesbin* du *Tasse. Jérusalem délivrée,* chant IX :

« A cui non anco la stagion novelle
Il ben mento spargea de primi fiori. »

» La veille de sa mort, il s'était entretenu long-temps avec son meilleur ami de ses honorables dangers, peut-être même de ses tristes pressentimens..... Ils se renouvelèrent cent fois l'assurance de l'attachement qui les unissait. L'ami du jeune ingénieur, étranger par ses fonctions aux opérations du siége, y fut entraîné le lendemain par une vive sollicitude ; il gagnait la tranchée, lorsqu'il trouva sur ses pas deux sapeurs qui creusaient une fosse sur l'une des arcades de ce même aquéduc, près duquel il avait eu l'entretien de la veille..... Il s'avance et reconnaît, étendu mort près d'eux, son fidèle ami.

« Veluti, flor successus aratro. »
« Telle qu'une tendre fleur, qu'un matin vit éclore,
Des baisers du Zéphir et des pleurs de l'Aurore,
Brille un moment aux yeux et tombe avant le temps
Sous le tranchant du fer ou sous l'effort des vents. »

» La stupeur s'empare de lui ; il se roule sur le sable ; bientôt il se ranime, et résiste avec violence à ceux qui veulent l'entraîner loin d'un si douloureux spectacle. Egaré, il s'élance sur la tombe de son ami..... L'affaissement survient, et il perd le sentiment ; on en profite pour l'enlever et le porter au camp. Là, il se réveille, et s'abandonnant aux pleurs et aux gémissemens, que n'accusa-t-il pas de la perte de son ami ? Il alla jusqu'aux imprécations de la fureur..... Enfin, le repos, qui calme une partie des maux des hommes, vint lui rendre la raison, sans pourtant éteindre ses regrets. »

G.

GARDE (Vieille).

Elle fut la colonne de granit en Italie, le modèle des braves dans tous les combats, où elle obtint l'honneur de mourir pour la patrie ; elle a cessé d'exister à la journée de *Waterloo*. (Voyez *Cambrone*.)

GARDANE, *Patriote.*

Grenadier par la taille comme par le courage, ce brave officier ne dut son avancement qu'à ce courage, qu'à ses talens. C'est en Italie, lieu témoin de nos triomphes, qu'il cueillit des lauriers immortels : il a, sous le commandement de nos plus habiles généraux, contribué à leurs succès. Envoyé en ambassade chez un peuple lointain, il a fait respecter le nom français. Ami de la paix, de l'ordre et des lois, il est digne de l'estime des bons citoyens.

GAULTIER, Kerveguen, *Patriote.*

Avant la révolution, ce brave pouvait être cité comme un officier de mérite; il comptait déjà huit campagnes. A l'âge de dix-huit ans, il fut élève-ingénieur de la marine, employé en cette qualité aux travaux du port de Rochefort et à ceux de l'île d'Aix. Il fut de l'expédition de *Rio-Jeneiro*, et, en 1764, il avait passé, avec le comte d'Estaing, à l'île Saint-Domingue, en qualité d'ingénieur-géographe militaire. Il a commencé la levée de la carte topographique de l'île de Corse, et a été chargé de la direction du travail topographique des côtes de l'Océan : il s'est occupé de ce même travail pour les environs de Paris, pour les frontières d'Espagne, pour celles d'Amérique et de Saint-Domingue : il était à la prise de la Grenade, en 1791. Il fut élevé au grade d'adjudant-général-colonel en 1792; servit à l'armée des Pyrénées orientales, à celle d'Italie, et partout il se couvrit de gloire.

Paul Louis Gaultier *Kerveguen* est né à *Brest*, département du Finistère, le 22 mars 1737.

GAZAN.

Honoré-Théophile-Maxime *Gazan*, né à Grasse (Var) le 29 octobre 1765, à l'époque de la révolution, fut nommé major de la garde nationale de la ville qui l'avait vu naître. *Gazan* fit les premières campagnes dans les armées françaises, et ne dut son avancement qu'à son courage et à ses talens, il seconda le général *Masséna*, à la division *Soult*. Il se fit remarquer par sa bravoure et ses bonnes disposions à *Tagliarino*, où nos grenadiers firent des prodiges de valeur. Parmi ces grenadiers on cite le brave *Bonnot* : il y eut un moment où l'on manquait de cartouche, *Bonnot*, ne consultant que son courage, s'élance en criant : *Camarades, en avant!* Il était le premier; sa contenance ferme et sa bravoure donnent le signal, et la charge s'exécuta avec tant de précision que l'ennemi, posté sur un rocher avec avantage, en fut aussitôt chassé avec perte d'un grand nombre d'hommes.

Gazan a servi avec la plus grande distinction; il est digne de la réputation qu'il s'est acquise.

GENSONNÉ, *Républicain-Constitutionnel.*

Un des représentans du peuple à la Convention, nommé par le département de la Gironde. Homme vraiment éloquent, probe et courageux: il voulut résister aux factieux qui triomphèrent de ses efforts et de ceux des vingt-un députés qui, comme lui, périrent sur l'échafaud après la journée du 31 mai.

GENTILY, *Républicain.*

L'histoire s'occupera toujours avec intérêt du général de division *Gentily*, né à Ajacio, en 1761. Un de ses beaux faits d'armes est la prise de *Corfou;* on n'oubliera jamais la gloire qu'il s'est acquise en gouvernant cette île, et les services qu'il rendit alors à la patrie.

Comme guerrier, comme administrateur, il avait parcouru une carrière honorable; il venait de quitter son commandement et retournait dans l'île de *Corse*, lorsqu'il fut atteint d'une maladie grave qui termina ses jours et le ravit à la patrie qui le regrette encore, à ses frères d'armes qui n'ont pu poser sur sa tombe de tristes cyprès, aux gens de bien qui bénissent sa mémoire, et à sa veuve qui n'a pu recueillir sa cendre, et lui donner la sépulture.

GILOT, *Patriote*.

Cet officier supérieur avait fait, avant la révolution, la guerre de sept ans; il était sergent au siége de Mahon; il y fut blessé à la jambe, d'un éclat de bombe. En 1793, il était parvenu au grade de général de division : il a fait toutes les campagnes de la révolution, et sa vie offre celle d'un brave militaire, blanchi dans la carrière des armes, et qui a traversé avec honneur toutes les époques de la révolution, digne de l'amitié de ses frères d'armes et de la confiance du gouvernement. Joseph Gilot est né à *Chatnay* (Isère), le 16 avril 1764.

GOUVION, *Patriote-Constitutionnel*.

Les braves n'ont point oublié ce François de Gouvion, né à Toul (Meurthe), qui suivit le général Lafayette en Amérique; qui, dans des temps de trouble et d'orage, fut nommé major-général de la garde nationale de Paris, et se rendit utile à la chose publique par sa prudence, son zèle et son patriotisme. M. de Gouvion fut nommé à l'assemblée législative par le département de la Seine; il se fit gloire de voter toujours avec la majorité constitutionnelle. Ayant donné sa démission, il demanda et obtint de l'emploi à l'armée de *Lafayette.* En l'an 4, M. de *Gouvion* fut tué d'un coup de canon, à *Grisevelt* : ainsi fut enlevé à la patrie un de ses meilleurs citoyens, à l'armée un de ses plus zélés défenseurs ; il fut pleuré par les sodats et par ceux qui sentent le prix d'un civisme pur, d'une loyauté inaltérable, de la réunion du courage au talent.

GRENIER, *Patriote.*

Indépendant des circonstances, la réputation du général *Grenier* est l'ouvrage de ses talens, d'un rare attachement à ses devoirs militaires, et d'un dévouement sans bornes à la patrie. Paul *Grenier* est né à Sarre-Louis (Moselle), le 29 janvier 1768.

GUADET, *Républicain-Constitutionnel.*

Quelle horrible situation pour l'homme de bien que celle où il se trouve, lorsque le crime triomphant le met au rang des proscrits ; il fuit dans les forêts, dans les déserts, et ne sait où reposer sa tête. Les hommes timides le repoussent, les méchans le poursuivent, les gens de bien redoutent sa présence. Il est seul dans la nature au milieu des monstres furieux qui ont conspiré sa perte : il faut qu'il succombe. Telle fut la destinée de *Guadet*. Représentant du peuple à la Convention nationale, élu par le département de la *Gironde*; ses vertus, ses talens, ne purent le sauver : il ne put trouver un asile sur les bords de la *Dordogne*, ni une barque hospitalière sur les mers, pour se soustraire à la fureur de ses ennemis..... Il périt sur l'échafaud.

GUDIN, *Patriote*.

Parmi ces jeunes héros dont la patrie vante les exploits et qu'elle se plaît à louer, on doit citer avec distinction C. *Gudin*, né à Montargis, le 13 février 1768; qui fut élevé à l'école de Brienne, et entra dans les gendarmes de la garde le 28 octobre 1782. Il fut aide-camp du général *Gudin*, son oncle, et du général Ferrand. Il a fait preuve de bravoure et de talens dans toutes les armées où il a obtenu un commandement. A la paix, nommé commandant de la 12e division militaire (*Toulouse*). Dans ce poste honorable, il s'est concilié l'estime de ses concitoyens par ses vertus civiles, comme il avait su obtenir celle de ses compagnons d'armes, par son dévouement à la patrie, par ses services et ses talens militaires.

GUIEUX, *Patriote.*

Un des plus braves de nos armées. La nature l'avait doué de toutes les qualités qui font le guerrier; elle lui avait donné une ame forte, au-dessus de toute crainte, faite pour braver le danger, et un corps robuste ; sa force était prodigieuse, dans un jour de bataille, disent les auteurs de la *Galerie Militaire,* tantôt, c'était un soldat qui portait dans les rangs de l'ennemi l'épouvante et la mort, et tantôt c'était un capitaine intelligent, qui savait exécuter, guider les braves et conquérir la victoire.

Jean-Joseph *Guieux,* né à Chambéry (Hautes-Alpes) le 30 septembre 1758, à l'âge de 21 ans, entra dans les gardes-du-corps où il servait à l'époque de la révolution. Il fit la campagne d'*Italie,* et seconda les opérations du général en chef à la journée d'*Arcole.* Cet officier a quitté le service en l'an 8; il avait obtenu son traitement de réforme, dont il a joui au sein de la retraite qu'il s'était choisie.

H.

HARDY, *Patriote.*

Jean *Hardy,* né à Mousson (Ardennes) entra à vingt ans dans la carrière militaire où il devait se couvrir de gloire; il obtint tous les grades par son courage, et les blessures qu'il reçut en plusieurs combats. La mort qui l'avait si souvent respecté, vint le frapper à l'époque où *St.-Domingue* paraissait devoir être pacifiée, ce fut pour toute l'armée un jour de larmes et de deuil; chaque soldat croyait avoir perdu un père, chaque officier un frère et un ami. Par un arrêté du général en chef qui commandait à *St.-Domingue*, il fut ordonné que le fort la Crète-à-Pierrot, porterait le nom de fort *Hardy*. Cet officier général a rempli le vœu des géographes et des officiers du génie, en levant la carte du *Hundsruck*, pays situé entre le Rhin et la Moselle.

HARVILLE, *Patriote*.

Parmi les noms chers à la patrie, on doit placer celui du général *Harville*. Ce guerrier, qui mena nos soldats à la victoire, se distingua d'une maniére toute particulière à l'armée du *Nord*, à celle de *Sambre* et *Meuse*. Il fut appelé à remplir les fonctions d'inspecteur général de la cavalerie des armées de Mayence et d'Helvétie. En l'an 9, il fut admis au nombre des membres du Sénat-Conservateur.

HAUTPOUL (d'), *Républicain-Constitutionnel*.

Le général de division d'*Hautpoul* est né à

Scalette (Tarn) le 13 mai 1754. Il dut à une éducation soignée, à son goût pour les armes, aux fonctions qu'il a occupées dans l'armée, une utile instruction. Les rives du Rhin, les campagnes de la *Germanie* furent les témoins de l'intrépidité, du sang froid, de la bravoure de ce guerrier; nos annales sont à jamais les dépositaires de ses beaux faits d'armes. Il fut un des officiers les plus instruits de l'armée et le plus capable d'organiser la cavalerie. Il excella à former ces corps, qui rendent de si grands services sur tous les terrains, dans les occasions les plus périlleuses, et qui, par des manœuvres habiles, exécutées avec promptitude, servent à ravir la victoire et sauver une armée. D'*Hautpoul* a reçu le coup mortel sur un champ de bataille; cette mort était digne de lui et de son courage.

HEDOUVILLE, *Patriote-Constitutionnel.*

Gabriel-Masic-Théodore-Joseph *Hedouville*, né à Laon (Aisne), le 27 juillet 1755, fut un des généraux de l'armée française qui ont le plus honoré leur patrie; il s'est distingué également dans la carrière militaire et dans la carrière diplomatique. Le nom d'*Hedouville* est lié au souvenir des premiers combats livrés sur nos frontières. *Hedouville* fut un des proscrits qui durent leur liberté à la révolution du 9 thermidor. Au commencement de l'an 4, il était général de division. Envoyé dans les départemens de l'ouest, on lui dut la pacification de ces contrées, mais que de sang et de larmes elle a coûté à la France. Il fut de l'expédition de *St.-Domingue*, où il rendit des services importans à la chose publique. Plusieurs généraux peuvent s'être rendus plus célèbres peut-être dans les combats, mais peut-on, comme *Hedouville*, obtenir plus de droits à ce genre de gloire qui se fonde sur l'amour et la reconnaissance. Ce brave guerrier, en l'an 10, a été nommé envoyé extraordinaire et ministre plénipotentiaire de la République française, près Sa Majesté l'Empereur.

HOCHE, *Républicain.*

Montreuil, faubourg de Versailles, se glorifie d'avoir vu naître Lazare *Hoche*, le 24 juin 1768. Sa mère mourut en lui donnant le jour; ses parens étaient pauvres et ne pouvaient lui procurer aucune éducation. Abandonné à lui-même, et le jeune *Hoche* ayant du goût pour les armes, à l'âge de seize ans il s'engagea dans les gardes-françaises. Après la prise de la Bastille, le ministre de la guerre Servand lui envoya le brevet de lieutenant dans le régiment de Rouergue. Il parcourut la carrière militaire avec honneur et distinction; tous les grades qu'il obtint furent la récompense de son courage et de son noble dévouement; il pacifia la Vendée, se montra terrible aux ennemis de la patrie; il ne fléchit jamais le genou devant le pouvoir; il eut quelques ennemis, mais il eut aussi des amis plus nombreux... Il mourut, et sa mort qui fut cruelle.., fut attribuée au poison..; mais ce fait ne peut être prouvé. Des honneurs funèbres furent décernés à ce brave guerrier, les Français et les étrangers assistèrent à ses funérailles. Ses frères d'armes, désolés, firent son éloge en ces termes :

« Général en chef à vingt-quatre ans, an 1er. de
» la république. — Il débloqua Landau, an 2.
» — Il pacifia la Vendée; an 3 et 4. — Il
» vainquit à Newied, an 5. »

Terminons cette notice trop courte, et pour célébrer le héros qui n'est plus, rappelons le discours plein d'ame et d'expression, qu'un des plus braves généraux de l'armée prononça sur sa tombe.

« Mes chers camarades, dit ce guerrier, la
» mort qui ne nous a jamais parue redoutable, se
» montre à nos yeux d'une manière terrible ;
» elle anéantit d'un seul coup la jeunesse, les
» talens et les vertus. Mes chers camarades,
» *Hoche* n'est plus ! la parque a terminé ses
» jours, et, dans un instant, il ne nous restera

» plus de lui que le souvenir de ses vertus, et
» le tableau de ses exploits; consacrons-les à lui
» rendre le témoignage de notre profonde afflic-
» tion. Que la foudre guerrière qui a éclairé ses
» nombreux trophées, apprenne à l'univers en-
» tier que l'humanité a perdu un ami, la vic-
» toire un de ses enfans, la patrie un de ses
» défenseurs, la république un appui; nous
» tous... un ami sincère.... »

HOUCHARD, *Républicain*.

Il avait des talens, il était brave, il aimait son pays, ce généreux guerrier, à qui les Français devaient quelque reconnaissance pour des services signalés, dont le front était ombragé des lauriers de la victoire, et le corps couvert d'honorables cicatrices, et cependant, la haine et l'envie n'ont point épargné une si belle vie. Toujours ligués contre la vertu, ces monstres armés des traits homicides de la calomnie, ont dirigé leurs coups sur ce héros à qui la France préparait les honneurs du triomphe; ses beaux faits d'armes sont attribués au hasard; on ne voit plus ce qu'il a fait, mais on suppose qu'il a pu faire plus encore; on dresse pour lui l'échafaud où tant de gens de bien l'ont devancé, et l'un de nos grands capitaines est immolé à la fureur jalouse des partis unis pour opprimer les Français malheureux. Ce brave guerrier, ce bon citoyen, si digne de nos regrets, est Pierre-Nicolas *Houchard*, né en 1740, à Forbact (Moselle). Jetons aujourd'hui quelques fleurs sur sa tombe, honorons sa mémoire comme celle des héros sera toujours honorée, en rappelant à ses concitoyens, à ses frères d'armes, les belles actions qui rendent son nom illustre, sa vie glorieuse et sa mort cruelle.

HUMBERT, *Républicain.*

Jean-Robert-Marie *Humbert*, fils d'un cultivateur, était né à Rouvroi, le 25 novembre 1755. Dès sa jeunesse, il servit dans le régiment de *Belzunce*, dragon : le 20 germinal an 2, il eut le grade de général de brigade. Après avoir rendu de nombreux services à la patrie, il fut chargé de commander les troupes qui se trouvaient sur les frégates la *Clorinde* et la *Fréya* et le vaisseau le *Watigny*, qui effectuèrent avec tant de succès la descente en Irlande, dans la baie de *Kilala*, et se couvrirent de gloire : ils n'étaient que neuf cents hommes, et ils eurent à combattre six mille Anglais commandés par le général *Clarke*, et quinze mille hommes aux ordres du lord Cornwallis.

On a conservé les noms des braves qui se distinguèrent avec des forces si supérieures. Nous

nous empresserons de transmettre leurs noms à la postérité. Julliver, l'aide-de-camp du général Humbert; le général Sarrazin, qui, dans une charge, enleva un drapeau à l'ennemi; le général Fontane; les chefs de bataillon Azemard, Ardouin et Dufour ; le capitaine *Durival*, les capitaines *Toussaint*, *Zimmermann*, *Renou*, *Huette*, *Babin* et *Ruty*.

J.

JABLONOWSKI.

Salut aux braves, les fils adoptifs de la France, qui abandonnèrent les rives de la *Vistule* pour chercher un asile parmi nous. Pour prix de l'hospitalité qu'ils trouvèrent, ils s'offrirent généreusement pour combattre nos ennemis, et partagèrent nos succès et nos revers. Mânes illustres des Polonais décédés au champ d'honneur, permettez à la reconnaissance nationale de vous offrir la couronne de cyprès et de laurier que méritent votre noble dévouement et votre généreuse amitié.

Parmi ces guerriers, on place au premier rang Ladislas *Jablonowski*, né en Pologne, en 1769; il fut élevé en France, à l'École-Militaire, et en sortit pour entrer dans le régiment de Royal-Allemand. La guerre de Pologne l'avait rappelé dans sa patrie, il y fit deux campagnes. L'issue de cette guerre, peu favorable aux efforts des Polonais, ramena, en l'an 6, *Jablonowski* au service de France et à l'armée d'Italie. Il était général de brigade lors de l'expédition de Saint-Domingue. Cette campagne fut le terme d'une vie dévouée toute entière à la France, dont il avait mérité la reconnaissance par des talens distingués, un caractère élevé et un attachement sans bornes.

JACOPIN, *Patriote-Constitutionnel.*

Militaire de sa naissance, le général Jacopin, né à *Brioude* Haute-Loire), le 20 octobre 1755, a commandé avec honneur les soldats de la patrie. Fidèle aux principes de la probité la plus sévère, modeste et désintéressé, ayant ce courage qui fait les vrais braves, le général *Jacopin* a acquis l'estime de ses frères d'armes et de tous ses concitoyens; il dut à ses talens ce prompt avancement; il a fait toutes les campagnes depuis 1792, a reçu plusieurs blessures, et demeura sous les drapeaux jusqu'à la paix. Il jouissait dans ses foyers du souvenir d'une carrière glorieuse et irréprochable, satisfait d'avoir rempli ses devoirs en servant son pays, lorsque les suffrages de ses concitoyens l'appelèrent, en l'an 10, aux fonctions honorables de membre du Corps-Législatif, dont il fut un des questeurs lors de la création de cette place.

JOUBERT, *Républicain-Constitutionnel.*

Joubert a succombé au champ d'honneur, et son nom est comme l'étoile du matin, qui, tous les jours et dans tous les siècles, doit briller d'un éclat immortel. Pour transmettre son nom aux âges futurs, il a laissé deux filles immortelles, *sa campagne du Tyrol* et *la bataille où il perdit la vie.*

Joubert naquit à *Pont-de-Vaux* (Ain). Son père le destinait au barreau; mais son génie l'appelait au métier des armes : il entra volontairement dans cette noble carrière, commença son élévation en sortant des rangs les plus obscurs, et marquant chacun de ses pas par des traits de courage et des actions d'éclat.

Inaccessible à toute autre ambition que celle de la gloire, étranger à tout esprit de faction, *Joubert*, hors des camps, dans les camps, n'eut jamais d'autre but que celui de servir et d'honorer sa patrie : il fut fait général de division à la journée de Rivoli.

Il mourut au champ d'honneur, à la fleur de son âge. La France perdit en lui un guerrier fidèle, et qui avait bien mérité sa *gloire* par son courage et ses vertus. Son corps a été déposé au fort Lemelgue.

A toutes les vertus guerrières, Joubert unissait encore les vertus publiques et privées : il vivait sans faste et avec simplicité ; son désintéressement égalait sa bravoure : il faut que sa vie ait été bien irréprochable, puisqu'il a obtenu l'admiration même de ses ennemis. On a comparé *Joubert* à *Bayard*. « Comme ce grand homme, disait le représentant du peuple Ribout, les beaux climats de l'*Italie*, qui ne devaient plus être arrosés du sang français, l'ont vu vivre et mourir sans peur et sans reproche. »

JOURDAN, *Patriote*.

Jean-Baptiste Jourdan est né à Limoges le 29 avril 1762. Son civisme, son courage et ses talens lui ont mérité dans l'armée les premiers grades ; dans l'administration civile, la place de conseiller-d'état ; près des chefs du Gouvernement, une confiance bien méritée. Nous ne rappellerons point ici les beaux faits d'armes du maréchal Jourdan ; l'Histoire en conserve le souvenir : nous peindrons le maréchal Jourdan par les traits qui le caractérisent. « Il est, disent les auteurs de sa notice, dans la Galerie Militaire, d'une moyenne stature, mais il a l'œil vif, animé ; un air de douceur et de bonté répandu sur sa figure, plaît à ceux qui l'entourent, et lui concilient tous les cœurs. Il s'exprime avec facilité; son cœur est excellent, son ame belle. Toujours fidèle à ses devoirs, jamais il n'a pu transiger avec les traîtres et les ennemis de la patrie..... »

JUNOT, *Bonapartiste*.

Brave soldat, bon capitaine, attaché à celui qu'il regardait comme le chef du Gouvernement, et jeune encore, le brave *Junot* a partagé la gloire acquise par les Français pendant les campagnes d'Italie, d'Egypte et d'Allemagne. Son nom est toujours cité avec honneur dans nos fastes militaires. « Jamais, disent les auteurs de la Galerie Militaire, aucune faction ne le vit sous ses bannières; et si, dans le cours de la révolution, il s'est déclaré pour un parti, c'est qu'il croyait ce parti celui de la patrie. *Junot* n'a pas eu le bonheur de terminer ses jours sur un champ de bataille. Honoré de l'estime et de la considération publique, le nom du vainqueur à Nazareth (1) passera avec quelque gloire à la

---

(1) C'est à la bataille de Nazareth que se fit remarquer, par son intrépidité, le chef de brigade Duvivier, excellent officier de cavalerie, d'une bravoure à toute épreuve, et que le sort des armes avait respecté. Ce fut

postérité, et l'Histoire, qui juge les hommes, saura bien marquer la place qu'il doit occuper parmi les braves auxquels la France a dû quelques années de puissance et de gloire.

K.

KELLERMANN (Maréchal de France); **KEL-LERMAMN** (son fils, Général de division), *Royalistes-Constitutionnels*.

François-Christophe *Kellermann*, né à Strasbourg en 1735, a commencé à servir en 1752. Il était brigadier de cavalerie des armées du Roi;

lui qui, au combat d'Anguiard, en l'an 5, s'était distingué par un de ces traits de courage qu'on retrouve si souvent dans les campagnes d'Italie. Le 9e. de dragons, commandé par Duvivier, et un corps de hulans se trouvaient en présence, le chef de ces derniers s'élance à quelques pas et somme le régiment de se rendre. *Duvivier* fait arrêter son escadron : *Si tu es brave viens me prendre*, cria-t-il au chef ennemi. Les deux corps s'arrêtent, et les deux chefs donnent un exemple de ces combats que décrit si agréablement le *Tasse*. Le commandant des hulans est blessé de deux coups de sabre ; les troupes alors se chargent et les hulans sont faits prisonniers. Ce même *Duvivier* périt en Égypte de la mort des braves ; il fut tué à la bataille d'Aboukir, le 7 messidor an 7.

il fut trouvé digne de commander à l'époque de la révolution. Ce fut à Valmi, et sur les hauteurs de Saint-Valery, qu'il se couvrit de gloire. Il commanda l'armée des Alpes, fut élu membre du Sénat-Conservateur sous le gouvernement impérial, puis maréchal d'empire, etc.

Le jeune *Kellermann* est né à Metz en 1795 ; il était mestre de camp en second du premier régiment de hussards (colonel-général). Dès les premières années de la révolution, il servit dans la cavalerie, dans cette arme où ses aïeux s'étaient distingués dès leur jeunesse. Bientôt il remplit les fonctions d'aide-de-camp de son père. Il a fait plusieurs campagnes avec gloire, et a obtenu le grade de général de division, dû à ses services et à son amour pour la patrie.

KERGUELIN, *Patriote-Constitutionnel.*

Kerguelin n'est plus.... La mort le ravit à la France au moment où il était le plus utile. Les plus anciens officiers de marine le regardaient comme un excellent tacticien, un des plus habiles manœuvriers de l'Europe, et l'un de nos plus célèbres navigateurs. Il a servi avec gloire sous la monarchie et pendant les années qui ont précédé la restauration. Ce marin a publié, en l'an 6, un ouvrage intitulé : *Histoire des événemens des guerres maritimes, des causes de la destruction de la marine française et des moyens d'y remédier.* Cet ouvrage a obtenu les suffrages des marins et l'éloge des savans.

KLÉBER, *Républicain.*

» . . . . . *Quem non virtutis egentem*
Abstulit atra dies et funere mersit acerbo.

Virgile.

Jean-Baptiste *Kléber* était né à Strasbourg (Haut-Rhin) en 1750. A l'âge de seize ans il vint se perfectionner à Paris, à l'école du célèbre *Chalgrin.* La nature l'avait doué d'une taille avantageuse. Il avait près de six pieds ; ses regards étaient expressifs : on aurait dit, en le voyant, qu'il était né pour commander, et lorsque son courage et son génie lui eurent mérité le titre de général, il semblait, au milieu des soldats, le dieu des batailles. On a dit de ce brave, un jour de combat : « Rien n'est si beau que *Kléber.*

La vie militaire de cet officier-général est connue. Celui que la mort, au champ d'honneur, avait si souvent respecté, lorsqu'il eut l'honneur de commander l'armée d'Orient, est tombé sans défense à Giset, terre d'Egypte, sous les coups d'un vil assassin, et c'était le même jour où succombait, aux champs de Marengo, l'Epaminondas de la France, le vertueux *Desaix.*

« Les guerriers français parleront toujours

avec orgueil de ce *Kléber*, qui avait le courage du soldat, les talens des grands capitaines, et les vertus de l'homme de bien. L'amour de la patrie et de la gloire étaient les seules passions qui maîtrisaient son ame. Ennemi de la dissimulation, il disait la vérité aux puissans du jour, et ne sut jamais transiger avec les principes. Sa fierté ne lui aurait pas permis de céder au pouvoir injuste, et prêt à devenir sa victime, il se montrait au temps présent et aux siècles futurs, comme un mortel injustement persécuté, bravant les fers et les prisons de la terreur, fier de mourir avec gloire, avec toute sa vertu, à laquelle les méchans ne pouvaient porter atteinte. »

Quel homme que ce Kléber!.... Qu'il a peu d'imitateurs!...

KILMAINE, *Républicain*.

Charles Kilmaine (Jennings), né à Dublin, le 9 octobre 1751, vint en France avec son père à l'âge de 11 ans, et servit dans les hussards de Lausun. Simple soldat, il combattit en Amérique pour la cause de la liberté, et suivit M. de Biron sur les bords du Sénégal. A l'époque glorieuse où la nation française prit les armes, il embrassa la cause de la révolution par le mouvement d'une ame fière et généreuse qui s'élève vers la liberté. La gloire de son nom est liée aux premières victoires de nos armées. Honorable victime de la tyrannie de 1793, il fut destitué et persécuté. Il servit ensuite à l'armée d'Italie où il se distingua. En l'an 6, il fut nommé général en chef de l'armée d'Angleterre. Kilmaine, attaqué d'une maladie grave, mourut à Paris le 25 frimaire an 8. Sa mort fut un jour de deuil pour les armées, pour ses compatriotes, ces respectables exilés de la terre où les Bardes ont chanté la mort et la gloire. La reconnaissance et l'amitié les avaient tous réunis : ils suivirent son convoi funèbre, et sur sa tombe, ils répandirent des pleurs. Le général Kellerman fils fut choisi par eux pour exprimer les sentimens des regrets inspirés par une telle perte. Il s'en excusait en disant : « Comment parlerai-je dignement de ce brave, moi qui ne sais que combattre? » Tu diras, lui répondirent ses camarades, ce qu'il a fait et ce qu'il a appris à faire. »

KLEIN, *Patriote.*

Louis Klein, né en 1762, dans une petite ville au pied des Vosges, commença à servir dans la maison du Roi. Il passa dans la ligne officier d'état-major, et se distingua dans les armées. *Kléber, Championet* et *Marceau* se félicitèrent souvent de le posséder dans leurs divisions. Il a été membre du Sénat Conservateur, où l'avaient placé ses services et son civisme.

KRIEG, *Patriote.*

Le général de division Krieg, Jean-Frédéric, naquit en 1730 à Lahz en *Brisgaw*. Il était du culte protestant réformé, descendant des réfugiés. Il a fait les campagnes sous le maréchal de Saxe, et fut blessé à *Clostercamps*, où il se rendit utile à son pays : après dix-huit mois de service en chef, soixante-quatre ans de travaux effectifs et trente-trois blessures, il prit sa retraite et fut s'établir à Bar-sur-Ornain, où il acheta une propriété et termina ses jours, regardé par ses concitoyens comme l'ami des pauvres et le père du soldat.

L.

LABORDE (de), *Patriote-Constitutionnel.*

L'armée française n'a point oublié le nom de ce brave, le chef de cette armée infernale, non moins célèbre dans la campagne des Pyrénées, que ne le fut depuis la colonne de granit dans les plaines de *Marengo*. De Laborde obtint la première place parmi les officiers les plus distingués. L'historien qui lui consacrera sa plume, le représentera décidant la victoire sous les murs de Toulon assiégé ; emportant, à l'armée des Pyrénées occidentales, les fameuses redoutes du *Commissari*, franchissant la montagne des Quatre Couronnes, devenue, pour nos soldats, de nouveaux Thermopyles, et contribuant enfin, sur le Rhin, aux derniers succès de cette guerre, après avoir attaché son nom à nos premiers triomphes. Cet officier général est né à Dijon (Côte-d'Or) le 21 décembre 1764.

LACROSSE, *Patriote*.

Jean-Raimond *Lacrosse* est né à Meilher, près Bazas (Gironde), le 7 septembre 1761. Ce brave marin a servi sa patrie dans les colonies, où il lui a rendu les services les plus importans.

LAFAYETTE, *Patriote-Constitutionnel*.

Gilbert-Mottié de *Lafayette*, né au château de Chavagnac, à douze lieues de Brioude, ci-devant Auvergne (Haute-Loire), appartient à une des plus anciennes familles de l'Auvergne. Le maréchal de Lafayette avait rendu son nom célèbre dans les fastes militaires. Une madame *Lafayette*, sa parente, avait méritée d'être placée parmi les muses françaises.

« Les auteurs de la Galerie Militaire parlent ainsi de M. de Lafayette : né avec l'amour de la liberté, imbu des principes de la philosophie théorique des écrivains du dix-huitième siècle; il soupirait, avec ces philosophes, après une réforme provoquée par la vieillesse de la monarchie, la faiblesse du monarque, les dilapidations de la cour, le despotisme insolent des ministres, le mécontentement de toutes les classes des citoyens, particulièrement la pénurie du trésor public et l'égoïsme produit par l'insouciance, le vil intérêt et l'indifférence en matière de morale et de religion..... Lorsque le terrible 14 juillet eut sonné la première heure de la révolution française, il essaya de faire tourner au bonheur de son pays, le mouvement populaire dirigé par des hommes bien plus adroits que lui, ennemis de l'autel et du trône, et avides de pouvoir. »

Lafayette fut en Amérique guider nos soldats à la victoire ; il rapporta de ces contrées une imagination exaltée, le désir de marcher sur les traces des Wasington et des Francklin, qu'il avait tant admirés.

Membre de l'Assemblée constituante, il se déclara un des apôtres de la liberté..... Le 18 juillet 1789, *il fut nommé commandant de la garde nationale parisienne.*

La guerre est déclarée à l'Autriche, qui armait. L'honneur national (et ne cessons de le répéter), le vrai mérite et les vertus civiles et militaires se plaçaient dans les camps : la gloire appelait les braves, et les talens s'empressaient de se montrer. Lafayette commanda nos armées..... C'est alors que l'infortune vint s'attacher aux pas de ce guerrier patriote..... On veut le punir de son amour pour la liberté, et tous les partis se réunissent contre lui, et l'assemblée nationale et le peuple et les soldats et la cour.

« On le présente comme l'ennemi de la France, et chaque parti l'accuse de lui être opposé. Les cours étrangères, trompées ou séduites, ne daignent pas même respecter le malheur et son caractère ; il est arrêté et enfermé dans les cachots d'Olmutz..... »

« Mais la voix des peuples, cette expression immortelle de la conscience du genre humain, s'élevait en sa faveur. Tout ce qu'il y avait alors dans les deux mondes d'esprits éclairés, de cœurs reconnaissans, d'amis de la raison et de la liberté, redemandaient un Français qui appartenait aux hommes libres de tous les pays..... Toutes ces illustres victimes des discordes civiles, que les victoires des soldats français rendaient à la liberté, à la patrie. »

Les prisonniers d'Olmutz sont libres, et cette nouvelle est annoncée à la tribune du conseil des Cinq-Cents par un ami de Lafayette, par le législateur *Vaublanc*..... (*Voyez* Vaublanc.)

M. de *Lafayette*, entouré de ses amis, près d'une épouse adorée et de ses deux demoiselles qui le chérissaient tendrement, ne soupirait qu'après la solitude et la retraite : il se retira dans un château qu'il avait acquis près de *Kiell*.

De retour en France..... il s'est contenté pendant long-temps de former des vœux pour le bonheur de sa patrie, pour le bonheur du monde.... Il avait vu la première restauration.... Il parut dans cette assemblée formée au milieu d'une tourmente inconcevable ;.... il y parut toujours l'ami de la liberté constitutionnelle.....

LAGRANGE, *Patriote*.

Lagrange, né à Lectoure (Gers), en 1765, fit ses premières études à l'université de Toulouse, dans cette école célèbre qui a donné à la France plusieurs jurisconsultes célèbres. Lagrange avait des connaissances, des talens; il embrassa avec ardeur la carrière du barreau : il aurait peut-être égalé nos plus célèbres orateurs, si, à des talens naturels, il eût joint ceux que donnent la maturité de l'âge et les lumières de l'expérience; mais la révolution, qui frayait une route nouvelle au talent, au courage, appelait *Lagrange* à des fonctions plus brillantes et plus utiles à la chose publique. Capitaine au douzième bataillon du Gers, il partit pour l'armée des Pyrénées orientales ; il s'y distingua et obtint un prompt avancement : il fut de l'armée d'Orient et de l'expédition de *Syrie*. De retour en France, il fut nommé un des inspecteurs généraux de la gendarmerie.

LAHARPE, *Républicain*.

La petite ville de *Roll*, en Suisse, a vu naître, le 27 septembre 1754, Emmanuel-François *Laharpe :* il adopta la France pour sa patrie.... Il quitta la compagnie bernoise qu'il commandait, et fit la campagne de 1792 à l'armée française du centre. C'est ce brave guerrier qui défendit le château de *Rodemack* (frontières du Nord), et qui prit la résolution, avec la faible garnison qu'il commandait, d'employer tous les moyens de résistance en cas d'attaque ; et si toute retraite devenait impossible, de laisser entrer l'ennemi, de faire sauter le fort, et de s'ensevelir avec lui sous les débris. En l'an 2, il faisait partie de l'armée d'Italie. Il fut tué dans une affaire qui eut lieu pendant la nuit. La France perdit en lui un homme qui lui était très-attaché ; l'armée un de ses meilleurs généraux; tous les soldats, un camarade aussi intrépide que sévère pour la discipline. Laharpe était vraiment patriote. Le maréchal Brune, alors général de division, honora la mémoire de ce brave guerrier, en prenant son fils, âgé de dix-huit ans, pour son aide-de-camp.

LAMARCHE, *Patriote*.

Joseph Drouot Lamarche est né à Wiche (Vosges) le 14 juillet 1733. A l'âge de dix-huit ans, il entra dans la carrière militaire, et le 4 janvier 1791 il prit du service comme dragon, dans le régiment de Frise. Le 8 mars 1793, il fut nommé général de division après avoir passé par tous les grades. Le 11 avril 1793 il fut fait général en chef, et fut suspendu arbitrairement au camp de César, par les représentans du peuple, le 30 juillet suivant. Le général *Lamarche* compte cinquante-neuf ans de service, dont sept par sept campagnes, où il a reçu plusieurs blessures. Il a servi sous Dumourier, et s'est distingué à l'affaire de Virton, et le lendemain au village de Rouillon (1).

Le général *Lamarche*, ayant été destitué, se retira à *Goïnel*, victime de l'injustice pendant les dernières années de la Révolution. On peut

---

(1) C'est à *Rouillon* que se passa le trait suivant : le chef de bataillon *Deville* marcha pour chasser les Autrichiens de la position qu'ils occupaient, il les atteint, les poursuit l'espace d'une demi-lieue ; mais entraîné par son courage, il est, dans l'action, frappé du coup mor-

dire, à sa gloire, que jamais l'autorité dont il fut revêtu ne fut la cause ou le prétexte d'aucun acte arbitraire. Justement considéré par ses longs services et son expérience, ce brave a mérité d'être distingué par cette loyauté qui le caractérise, et un désintéressement inaltérable.

LAMARLIÈRE, *Patriote*.

Antoine-Nicolas *Lamarlière*, né le 3 décembre 1745, à Crepy (Marne), à l'époque de la révolution était colonel du 39e régiment d'infanterie; il le quitta pour passer également colonel dans le 14e régiment. Il fut nommé maréchal de camp le 21 août 1792, et commanda l'avant-garde de l'armée du Nord. Il a rempli les fonctions de chef de l'état-major des armées du Nord et des Ardennes, et fut élevé au grade de général de divison le 5 avril 1793. *Lamarlière* avait le talent de distinguer le mérite et de le récompenser; c'est ainsi qu'il sut remarquer

---

tel. — Tu m'as bien fait attendre, disait ce brave officier, après avoir reçu le coup fatal; je meurs pour ma patrie.... je suis content... Ses grenadiers l'emportent et regagnent la route de *St.-Gérard* dans le plus grand silence; chacun d'eux perdait en lui un père, un frère, un ami. *Deville* survécut encore quelques jours en répétant ces dernières paroles : « Ma patrie, ma patrie!

les heureuses dispositions du jeune *Dupont*, qui depuis est parvenu au grade de général de division, et le colonel Batave-Dumonceau qui s'est fait une réputation dans la guerre.

Lamarlière fut dénoncé, destitué, conduit, comme conspirateur, au tribunal Révolutionnaire, qui le condamna à mort; il mourut sur l'échafaud le 6 brumaire an 2.

LAMBERT, *Patriote*.

Le général *Duhesme* célébrait la valeur de nos guerriers; il racontait ce que ses braves compagnons d'armes encore vivans avaient fait pour leur pays..... Mais il ajoutait : « Un devoir
» sacré me presse..... Les mânes de mes cama-
» rades, moissonnés au champ de bataille, crient
» au fond de mon cœur : O Lambert ! O mon
» ami ! brave général, que le canon emporta aux
» champs de la Bavière, que ne puis-je exhumer
» ta mémoire ensevelie par le silence, et conso-
» ler ton vieux père de la solitude de ses pleurs. »

LANJUINAIS, *Républicain*.

« *Incedo per ignes suppositos cineri doloso.* »

Je veux parler de cet homme probe; car je pense qu'il n'a réellement mérité ni l'éloge des méchans, ni le blâme des gens de bien..... C'est encore cet homme singulier qui ne se montre que dans les jours difficiles ; qui n'a d'autre objet en vue que la défense des idées libérales, que l'amour de la patrie ; les erreurs et les inconvenances dont il se rend coupable, viennent plutôt de sa tête que de son cœur. Avide de liberté, et crédule, il embrasse tous les partis qui lui promettent la possession de cette divinité vierge et toujours immaculée ; mais lorsque le charme est rompu et qu'il s'aperçoit qu'il est trompé, il repousse celle qu'il croit prostituée..... Alors il ose la montrer dans toute sa nudité ;.... il n'examine point s'il a été trompé, il ne veut voir ni les causes ni les événemens, il oublie les conseils de la raison et de la prudence ; il attaque sans ménagement, il brusque ses adversaires ; il provoque, il tonne ; il ne respecte plus rien, parce qu'il ne voit que les dangers de la patrie et la perte de cette liberté qu'il adore, et à qui il prête tous les charmes d'une imagination exaltée.... (*Voyez* Patriotes exaltés) Mais alors il devient un objet de haine ou de ridicule.... et il s'en étonne.

LANNES.

Le midi de la France a fourni à nos armées une foule de guerriers distingués par leur bravoure et leurs talens. Parmi eux s'offre au premier rang le brave général Lannes, né à Lectoure (Gers). La trompette guerrière retentit de la cime des Pyrénées aux rives du Rhin, elle appelle au combat les fils aînés de la gloire. *Lannes* brûlait d'amour pour la patrie ; il était passionné pour cette sage liberté, fille des Cieux, qui fait les héros et les sages. Bientôt le bataillon du Gers se félicite de le compter au nombre des guerriers qui allèrent cueillir des lauriers immortels et repousser ces phalanges nombreuses, qui descendaient des montagnes et se répandaient à l'orient des Pyrénées. Lannes partit pour l'armée avec le titre de sergent-major, et c'est ainsi qu'il fit l'apprentissage du métier de la guerre dans les rangs des soldats de la patrie. Il s'immortalisa par les plus belles actions, il conquit tous les grades, se montra dans toutes les actions où il y avait de la gloire à acquérir. Il était à la bataille de *Lodi*. *Lannés* se précipite à la tête des colonnes avec nos plus braves guerriers, et contribua à la victoire si long-temps disputée. Il servit à l'armée d'Egypte, à celle d'Italie, en Allemagne, et partout la victoire suivit ses pas, partout il se montra comme un des plus braves et des plus intrépides. Il a été ambassadeur en Portugal ; il fut ensuite nommé maréchal de France. Un boulet de canon, sur les bords du Danube, a terminé ses jours.

S. M. Louis XVIII a nommé pair de France héréditaire l'aîné des enfans de ce brave maréchal.

LANUSSE, *Républicain*.

C'est ainsi que s'expriment les auteurs de la Galerie Militaire, en parlant de ce brave. « Que
» la gratitude du peuple français soit éternelle
» comme ta gloire, brave armée d'Orient! tous
» les soldats qui formaient tes bataillons ont
» bien mérité de la patrie. Sa reconnais-
» sance a posé sur le front des vainqueurs
» des *Mamelucks* une couronne immortelle. La
» nation française conservera toujours le souve-
» nir des héros que le destin lui ravit le jour
» même où, par un noble dévouement, ils sou-
» tenaient, sur des rives lointaines, l'honneur
» national. Parmi ces illustres victimes, on se
» souvient avec intérêt de ce jeune *Lanusse*, né
» à Habas (Landes), en 1762 (1), soldat intrépide,
» excellent officier, que l'armée d'Orient oppo-
» sait avec succès aux satellites armés de l'Afri-
» que et de l'Asie, qu'elle offrait aux soldats
» comme le modèle des vertus civiles et militaires

---

(1) Le général *Lanusse* a un frère, Pierre-Robert *Lanusse*, qui fut son aide-de-camp, combattit auprès de lui en Italie et en Égypte, et qui, toujours, a servi de la manière la plus honorable.

» qui fut frappé du coup mortel au combat en
» avant d'Aboukir. » Il fut enterré à Alexandrie.

LAPOYPE, *Patriote*.

Ce guerrier, l'un des plus anciens généraux de division, est né à Grenoble, d'une ancienne famille du ci-devant Dauphiné. Il se voua de bonne heure à la carrière des armes ; avant la révolution, il était officier aux gardes françaises; en 1792 il fut fait colonel du 10°. régiment, et peu de temps après, maréchal-de-camp. Il a fait toutes les campagnes glorieuses des braves.

LAROCHE, *Patriote*.

Antoine *Laroche-Dubourcet*, né à Condow (Gers), en 1759, s'était déjà fait un nom par sa bravoure, à la tête des grenadiers français, sur nos vaisseaux et dans l'*Inde*. De retour en France, et nommé colonel du quatrième bataillon des lanciers, il se fit remarquer par son zèle et sa bravoure à l'armée des Pyrénées occidentales. Il parvint au grade de général de division, y montra les plus grands talens ; servit la chose publique dans les fonctions civiles et administratives, et, en faisant aimer et respecter les lois, il sut conquérir tous les cœurs, et se faire aimer de tous.

LAROCHE-JACQUELIN, *Royaliste*.

Il a défendu les droits des Bourbons avec le zèle d'un bon Français, le courage d'un vrai chevalier, avec cette franchise, cette loyauté, caractères distinctifs des braves de l'ancienne monarchie. Honoré, estimé de tous les partis, il voit enfin le noble étendard des lis flotter avec honneur dans toute la France, et son ame est satisfaite; Louis règne, il n'a plus de vœux à former, que celui d'être le témoin de la réconciliation générale et de la paix intérieure, que lui promettent la fin de nos dissenssions civiles et le triomphe des principes sages et modérés.

LATOUR-D'AUVERGNE, *Républicain*.

Théophile-Malo Latour-d'Auvergne Corret de Kerbaufret, avait reçu le jour dans la ville de *Carhaix* (Finistère), le 23 décembre 1743. Le 3 avril 1767, il entra dans la deuxième compagnie des mousquetaires; le 1er. septembre de la même année, il reçut le brevet de sous-lieutenant au régiment d'Angoumois..... etc.

Latour-d'Auvergne avait fait la dernière campagne de *Mahon*, en qualité de volontaire dans l'armée espagnole, où il fut employé dans toutes les occasions périlleuses et glorieuses du siége, notamment pour couler, sous le feu du canon et de la mousqueterie de la place, une frégate anglaise, et, dans une autre occasion, pour mettre le feu aux bâtimens munitionnaires des ennemis. Dans une sortie des Anglais, il contribua a repousser la tête de leur colonne, et fit prisonnier, sous les yeux de M. de Crillon, un bas officier, qu'il présenta sur-le-champ à ce général. Dans une autre sortie, où les Anglais furent également repoussés et reconduits la bayonnette dans les reins jusqu'à leur première batterie, s'étant aperçu qu'un volontaire de l'armée était resté blessé et sans secours sur le glacis de la place, il retourna au milieu du feu des ennemis, le chercha, le trouva blessé très-dangereusement sur la côte du glacis, l'enleva et le transporta sur ses épaules jusqu'au poste avancé des Espagnols. Sa conduite lui ayant attiré l'estime, l'amitié et le suffrage général des deux armées, il fut choisi pour commander en second les volontaires *de Crillon;* il refusa, parce que, dans son opinion, un Français ne doit porter les armes que pour sa patrie; il ne voulut pas même accepter une pension du roi d'Espagne et la croix de Charles III.....

En 1793, il était capitaine au huitième régiment d'infanterie.

Latour-d'Auvergne fut un des derniers rejetons de la famille de Turenne. Son caractère était ferme et loyal; il avait l'ame et le cœur de ces anciens Bretons que *Jules-César* appelait *terribles à la guerre*, et qui conservèrent jusqu'à nos jours le sentiment de la liberté et la fierté de leur antique indépendance. Jeune encore, il se livra tout-à-la-fois à l'étude des armes et à celle de la philosophie. Ses hauts faits militaires sont racontés par tous les soldats de l'armée; ses vertus civiques doivent être apprises à tous les citoyens.....

« Rien n'est impossible, dit un de ses panégyristes, au guerrier qui transformait en héros tous les hommes qu'il menait au combat. C'est ainsi qu'il forma cette colonne infernale, avant-garde de l'armée des Pyrénées occidentales, devant laquelle tombèrent toutes les places espagnoles, tous les bataillons qui osèrent tenter d'arrêter sa marche victorieuse. Les maisons crènelées qu'il enleva à la bayonnette, la forteresse de *Saint Sébastien* qu'il osa attaquer et prendre avec une poignée de braves et une seule pièce de canon, sont des monumens éternels de sa vaillance et de ses talens. En *Helvétie*, sur le *Rhin*, sur le *Danube*, Latour-d'Auvergne s'était distingué par des actions d'éclat.

Après la campagne des Pyrénées, il consacra ses loisirs à son goût pour les lettres; il mit la dernière main à ses œuvres des *Origines gauloises*. Bientôt le fils aîné de son ami *Lebigant* est appelé dans les cadres de la réquisition ; c'est le soutien d'un homme de lettres, d'un vieillard vénérable, père d'une très-nombreuse famille : elle ne sera point privée de ce secours nécessaire. *Latour-d'Auvergne* ressaisit ses armes, et celui qui commandait naguères la colonne infernale, marcha avec la même modestie, ou plutôt avec la même fierté, comme remplaçant, dans une compagnie de réquisionnaires.

Le jour de son départ pour l'armée, il adressa ces paroles au tribun *Roujoux :*

« Je pars comblé des graces du Gouverne-
» ment ; il croit que je vaux encore un coup
» de fusil, et il m'a jeté le gant (il montrait
» l'épée d'honneur que la reconnaissance na-
» tionale lui avait donnée) : on m'a jeté le
» gant, et, en bon *Breton*, je l'ai relevé. Le
» minitre de la guerre m'a donné le choix des
» armées : je crains d'arriver trop tard en Italie ;
» j'ai préféré celle de *Moreau*, notre ami, notre
» compatriote, les grenadiers de la 46e. Mais
» cette épée ! cette épée ! comment la porter ?
» Il n'en est aucun qui ne l'ait méritée. Allons,
» il faudra la montrer de près à l'ennemi. A
» mon âge, la mort la plus désirable est celle
» d'un grenadier sur le champ de bataille, et

» j'espère (fatal pressentiment) j'espère que je
» l'y trouverai..... »

Latour-d'Auvergne fut tué le 9 messidor, dans un combat extrêmement vif, qui eut lieu sur les hauteurs en avant de *Neubourg*. L'armée regrettait vivement cette perte; pas un soldat qui n'ait versé des larmes, lorsque ses restes, enveloppés de feuilles de chêne et de lauriers, furent déposés aux lieux où il avait reçu la mort. C'est-là qu'un grenadier, retournant son corps, a dit : « Il faut le placer ainsi, faisant toujours face à l'ennemi. » La mémoire de ce digne guerrier vivra éternellement dans les fastes de la France.

Le brave Moreau, dans un ordre du jour, voulut que le nom de Latour-d'Auvergne fût conservé à la tête du contrôle de la compagnie de grenadiers de la 46e. demi-brigade, où il avait choisi son rang. Sa place ne sera point remplie, et l'effectif de la compagnie ne sera plus que de quatre-vingt-deux hommes.

LAREVEILLÈRE-LEPAUX, *Républicain-Constitutionnel.*

Ami d'une sage liberté, Lareveillère-Lepaux servit cette divinité des belles ames à la tribune des assemblées nationales, sur le fauteuil directorial, dans le silence du cabinet, dans la retraite qu'il s'est choisie. Son ame ardente voulait le bonheur des humains. On a tourné ses projets en ridicule, et ses principes religieux ont passé pour des actes de folie. Lareveillère-Lepaux a gardé le silence. Quand on ne peut plus être utile à son pays, il est bon de se taire.

LECOURBE, *Patriote*.

Claude-Jacques Lecourbe, né en 1762, dans une des communes qui avoisinent les montagnes du *Jura*, fils d'un ancien officier d'infanterie, s'engagea comme soldat dans le régiment d'A- quitaine, où il fit pendant huit ans l'apprentis- sage du noble métier de la guerre, pour lequel il faut être doué d'un coup-d'œil juste, d'une ame intrépide, savoir mépriser la mort et tou- jours être passionné pour la gloire. Commandant de la garde nationale de son pays, il se rendit utile ; chef d'un bataillon du *Jura*, il fut envoyé à l'armée du *Rhin*. C'est là où il commença la plus belle carrière, qu'il a parcourue avec tant de succès. Après avoir obtenu tous les grades, et digne de toutes les récompenses nationales, *Lecourbe*, à la paix, avait déposé les armes : il fut nommé inspecteur général de l'infanterie en Helvétie, lieux témoins de ses plus beaux triomphes. C'est dans ces fonctions qu'il offrit, à tous ceux qui parcourent la carrière des braves, un modèle accompli dans l'art militaire, un de ces guerriers que chérit la victoire, et dont le coup-d'œil juste et rapide, la sage prévoyance et l'inconcevable activité font le destin des batailles. La gloire de ce brave capitaine est fondée sur une foule d'actions héroïques, de marches savantes, de combats multipliés, exécutés avec l'ardeur du soldat et le génie du capitaine. Plein d'ardeur et de feu, sa valeur fut au-dessus de tous les éloges, et l'on peut dire de lui, avec vérité, qu'il est nommé brave aujourd'hui par les braves eux-mêmes. Toujours au premier rang, toujours au milieu du feu, où le danger était le plus grand, il savait, par son courage, ravir la victoire. Il a vu les deux restaurations, et son ame contente voyait enfin l'olivier de la paix combler les vœux de la France si long-temps agitée. Il est mort dans ses foyers, universellement regretté, laissant après lui d'honorables souvenirs de ses travaux, de son amitié pour le général Moreau, de son attachement pour la cause sainte de la légitimité.

LEFEVRE, *Patriote*.

François-Joseph Lefèvre est né à Rufback (Haut-Rhin) le 25 octobre 1755. Il entra en 1773 dans les gardes françaises, et y parvint au grade de premier sergent. Lorsque de grandes catastrophes eurent ouvert au génie et au courage le chemin de la gloire, Lefèvre s'élança dans la carrière, et bientôt il laissa derrière lui ceux que jusqu'alors il avait eu pour chefs. Il parvint au grade de général de division. L'histoire s'est occupée des beaux faits d'armes de ce brave maréchal, qui, dans un âge avancé, courbé sous le poids des lauriers qu'il a cueillis, fait des vœux pour la patrie, et s'est de lui-même placé parmi les zélés défenseurs de S. M. Louis XVIII, son roi légitime.

LEGRAND, *Patriote*.

On aime à suivre ce brave sur le champ de bataille, dans les camps, où il a justifié sa réputation par son courage, ses talens, et par les services signalés qu'il a rendus à la patrie. Claude-Juste-Alexandre *Legrand* naquit au Plessis-sur-St.-Just (Oise), le 23 février 1762. Il fut d'abord simple soldat; mais bientôt il mérita et obtint tous les grades, se fit remarquer par des actions d'éclat, et mérita l'estime de l'armée et la confiance du Gouvernement.

LEMOINE, *Patriote*.

Le général Lemoine est né à *Saumur* le 23 novembre 1764. Il appartenait à une famille distinguée par ses bonnes mœurs et sa probité. Il fit l'apprentissage de la guerre dans les rangs des soldats ; il parvint à tous les grades et fit sans interruption toutes les campagnes de nos dernières guerres. Il les a toutes faites avec désintéressement, et a reçu et mérité les éloges des généraux les plus célèbres, tels que *Dugommier*, *Hoche*, *Joubert*, *Championet*, *Pérignon*, *Lefèbvre*, etc. Ce guerrier a reçu d'honorables blessures.

LESPINASSE, *Patriote-Constitutionnel.*

Augustin Lespinasse, né à Pouilly-sur-Loire, (Nièvre), le 16 octobre 1737, entra dans la compagnie des mousquetaires noirs en 1760. Son goût pour l'artillerie s'étant manifesté, de retour à Paris, il obtint l'agrément de se présenter aux examens auxquels sont assujettis ceux qui se destinent à entrer dans ce corps; par son zèle et son application, il obtint de l'avancement. Les différentes études qui font partie de l'instruction de l'officier d'artillerie, et particulièrement celles qui sont du ressort des mathématiques, eurent tant d'attraits pour lui, et il y eut de si brillans succès, qu'en 1767 M. le duc de Choiseul, alors ministre de la guerre, l'invita à composer, pour les écoles de l'artillerie, un *Traité sur la théorie et la pratique de la Trigonométrie et sur celles du Nivellement;* ce qu'il effectua.

Il fit la guerre en Corse. A l'époque de la révolution, il quitta la manufacture d'armes de St.-Etienne, et prit du service à l'armée du Rhin; il passa ensuite à celle des Pyrénées occidentales, commandée par le brave *Muller*. Le général *Lespinasse*, par ses talens, rendit les services les plus signalés à cette armée, et par son zèle, il mit en activité, à Bayonne et à Bordeaux, tout ce qui était nécessaire pour activer toutes les parties de l'artillerie. Il fut ensuite choisi pour aller en Italie : il eut ainsi le rare avantage, étant général de division, d'avoir commandé en chef l'artillerie de quatre armées ; il était à cette dernière, lorsque le sénat l'appela dans son sein.

Peu de mois après son admission parmi les pères de la patrie, il publia l'Essai que nous lui devons sur l'organisation de l'arme de l'artillerie; il en avait conçu les premières idées à l'armée du Rhin, en avait fait les premières applications à celles des Pyrénées occidentales, et enfin, y avait mis la dernière main à l'armée d'Italie, organisant cette armée, non comme elle devait l'être pour vaincre, mais comme elle avait vaincu. Cet Essai, que les écoles ont adopté, que les savans se sont empressés d'analyser et de louer, a obtenu le suffrage des bons artilleurs.

Dans des temps de calme et de repos, le général Lespinasse a quitté le crayon et le compas pour saisir la lyre, et chanter les douceurs de la paix. Sa muse docile marche sur les traces du favori de Mécènes, et prend pour guide le chantre des héros, le divin *Pindare*. Dans ce poëme, il a célébré la paix continentale et la paix maritime..... La France a saisi son tonnerre; mais la douce Paix vient la désarmer.... Qu'ils sont nobles dans la bouche d'un guerrier les vers que nous allons citer!...

> « Le plus beau triomphe est un crime,
> Si du monde il fait le malheur;
> L'effort de la vertu sublime
> Est de l'emporter en grandeur. »

Dans ces deux pièces de vers, on remarque de belles strophes, de grandes idées, de la chaleur et du mouvement.

C'est encore le général *Lespinasse* qui a fait un rapport au Sénat-Conservateur, au nom de la commission administrative, sur les moyens de régulariser et d'embellir le jardin du *Luxembourg*; dans cet écrit, le général Lespinasse s'est montré géomètre, architecte et le digne émule de *Le Notre*, dans l'art d'embellir les jardins.....

LORGE, *Patriote*.

Parmi les généraux qui ont payé leur dette à la patrie, on place Jean-Thomas-Guillaume *Lorge*, né à Caen (Calvados), le 23 novembre 1768. Ce guerrier a parcouru une carrière à la fois honorable et glorieuse. La patrie l'a vu dans les rangs de ses premiers défenseurs, et ce premier titre, uni aux services qu'il lui a rendus pendant la guerre de la révolution, lui donne de justes droits à l'estime et à la reconnaissance nationale. Toujours au champ d'honneur, le général Lorge a cueilli des lauriers dont il ne peut que s'enorgueillir; et si les soldats qui ont combattu sous ses ordres n'ont qu'une voix pour louer sa bravoure, sa prudence et ses talens militaires, on peut, sans flatterie, ajouter à cet éloge celui de son désintéressement et de ses vertus modestes, qui rehaussent encore l'éclat de ses succès.

LUCKNER, *Royaliste-Constitutionnel.*

Ce vieux guerrier, qui s'était fait la réputation d'un habile partisan à la tête des troupes légères, qui s'était fait remarquer dans l'armée par son zèle, sa bonne conduite et son amour pour la discipline, était né à Camp en Bavière, en 1723, Pendant quarante années, il avait servi avec distinction dans les troupes allemandes. *Luckner* eut le malheur d'offrir ses services en France pendant les orages révolutionnaires; il obtint facilement l'honneur de commander une de nos armées, il fit tout ce que l'honneur et le devoir lui commandaient; mais bientôt dénoncé, arrêté, calomnié et condamné, il fut conduit à l'échafaud, où il reçut le coup mortel, n'ayant aucun ami qui osât prendre sa défense, et n'ayant d'autre consolation que celle que lui procura la religion. Luckner aimait le roi (Louis XVI); il eût voulu pouvoir défendre le trône et la constitution adoptée par la France entière. Il dut succomber comme tant de gens de bien qui avaient son courage, et qui partagèrent ses infortunes et sa mort.

M.

MALESHERBES, *Royaliste.*

« Il offre en sa personne Aristide et Platon. »

O vertu, tu n'es pas un vain mot !.... C'est toi par qui l'espèce humaine est anoblie. Quel respect profond environne les mortels favorisés de tes dons ! Prononcer leur nom, c'est te rendre hommage ! Vertueux Malesherbes, le genre humain se prosterne à tes pieds ; ta longue carrière fut celle de la bienfaisance toujours active et toujours nouvelle ; tes vieux jours furent consacrés à la reconnaissance, et si le plus malheureux des rois, victime de l'ingratitude et de la révolte, eut à se plaindre, à ses derniers momens, et de ses juges et même de son peuple, il eut, comme le sage *Socrate*, un autre Platon pour assister à ses derniers momens et pour le consoler. Malesherbes fut le Platon, Louis XVI fut le *Socrate*.

Lamoignon de Malesherbes fut chancelier de France · alors la philosophie vint s'asseoir sur les *fleurs de lys* ; non cette philosophie mensongère du dix-huitième siècle, mais bien la philosophie fondée sur la morale et la religion, la bienfaisance et l'ordre, l'obéissance et l'amour.

On a bien peint le vertueux Malesherbes dans ce couplet :

Air *nouveau, de Wicht.*

Le magistrat irréprochable,
L'ennemi constant des abus,
Le philosophe respectable,
L'ami des talens, des vertus :
Honorant la nature humaine
Par son austère probité,
Quelque part que le sort le mène,
Il marche à l'immortalité.

Sous le règne de Louis XVI, M. de Malesherbes fut appelé au ministère par le choix du Roi et de M. *Turgot*. Lorsque la Renommée apprit à la France cette belle réunion de M. de Malesherbes à M. Turgot, on crut un moment à la régénération des mœurs : faire le bonheur public ne parut plus un rêve; l'ignorance et l'intrigue furent confondues. L'esprit d'un sage, d'un magistrat intègre, d'un homme qui réunissait à l'érudition la plus vaste toutes les connaissances les plus approfondies de l'administration, se trouvait enfin dans le conseil des ministres. M. de Malesherbes avait une belle ame, il ne consultait jamais que son cœur : bon, sensible et généreux, il paraissait n'avoir d'autre désir, et même n'exister que pour se déclarer le protecteur de la liberté ; l'ami des philosophes, des savans et des artistes, et le père des malheureux. Il favorisa les principes de cette vraie philosophie, qui ne veut rien innover, mais qui doit tendre à perfectionner. Si pendant quelques instans il parut partager le parti de la philosophie du siècle, c'est qu'il fut séduit par une brillante théorie dont les innovateurs et les factieux devaient faire usage lorsqu'il ne serait plus au ministère. Ce ministre honnête homme, n'ayant pu faire adopter dans le conseil du Roi des réformes salutaires, ni les plans utiles qu'il présentait, demanda au Roi sa retraite, qui lui fut accordée. Il jouissait d'une douce paix dans cette aimable retraite, lorsque l'infortuné Louis XVI le choisit pour un de ses défenseurs : il accepta cette honorable et dangereuse mission, il y fit preuve de talent, de zèle, de modération et du plus noble dévouement. Il ne put sauver le Roi.....

Les monstres qui ont conduit Louis XVI à l'échafaud n'ont pu pardonner à M. de Malesherbes d'avoir défendu le plus infortuné des monarques.... Porté sur une liste fatale, le fer des bourreaux a tranché le fil des jours d'un homme de bien, que ses vertus, son courage et sa mort, rendront à jamais cher à la France et à tous les hommes qui aiment les ames reconnaissantes et les belles actions.

MACDONALD, *Patriote.*

Etienne-Jacques-Joseph *Macdonald*, né à Sedan (Ardennes), le 17 novembre 1765, est originaire d'Ecosse. Il a fait toutes les campagnes de la révolution, a obtenu de l'avancement par son seul mérite. Investi du commandement des troupes françaises, il a fait, en *Italie*, en *Suisse*, des campagnes dignes de l'admiration des peuples. Il a depuis éprouvé les bienfaits de la faveur et l'oubli du pouvoir à qui il avait rendu des services signalés. C'est alors qu'il se condamna à la retraite, au sein de l'amitié, des arts et des lettres. Bientôt, rappelé parce qu'on eut besoin de lui, il mérita le titre de maréchal de France. Toujours fidèle à ses devoirs et à ses services, il est bien digne de la vénération de tous les Français.

LE MARAIS.

Les Girondins, les Modérés, quelques intrigans, formaient, dans la Convention nationale, ce parti appelé le *Marais*, parce que ceux qui le composaient affectaient de se placer sur les bancs les plus bas et dans le milieu de la salle de l'Assemblée. Il y avait dans ce parti des hommes probes, des talens; mais une énergie de tribune, point de force ni persévérance. Dans ce parti ou dans cette faction, si l'on veut, s'étaient placés tous les désirs et toutes les espérances ; aussi on n'y trouvait point d'ensemble. Au jour du combat, la désertion était nombreuse ; ceux qui osaient résister étaient bientôt fatigués, parce qu'ils étaient ou timides, ou délaissés, et qu'à l'art de bien parler, ils ne savaient point unir l'art plus difficile encore d'agir avec force et promptitude. Cependant le Marais a triomphé, parce qu'il a transigé avec la tyrannie, qu'il a cédé au désir de la paix et de sauver la patrie.

MARCEAU, *Républicain*.

« Comme homme et comme militaire, il s'était rendu digne de l'immortalité a l'âge de vingt-sept ans. »

Il n'est plus, ce jeune héros, l'honneur du département de la Sarthe, que la ville du *Mans* avait vu naître, que de belles actions immortalisent. Il n'est plus, ce vaillant guerrier, que la patrie, avec orgueil, opposait à de fiers ennemis, que le Dieu des combats guidait à la victoire, l'idole du soldat français, l'élève de *Kléber* dans la Vendée, et son ami sur les bords du Rhin. Sa bouillante audace, son courage indompté, sa tendre jeunesse, n'ont pu détourner le coup fatal, il a succombé au champ d'honneur, comme meurent les braves, en face de l'ennemi....; mais son nom est buriné dans nos fastes, sa mémoire est dans tous les cœurs, et sa cendre honorée repose en paix aux lieux témoins de ses premiers triomphes, dans le camp retranché de Coblentz. *Marceau* fut, comme tous les héros, amant passionné de son pays, enthousiaste de la gloire; jeune encore, il se montra citoyen et soldat.

Ce fut à *Altenkirchen* que Marceau fut tué par un chasseur tyrolien. La douleur la plus vive, à cette nouvelle, se répandit dans tous les rangs; nos braves pleuraient. Ce brave jeune homme fit ses adieux à ses camarades; il leur disait : « *Je suis trop heureux de mourir pour la patrie.* » Il expira. Les soldats français, les soldats ennemis se réunirent, pour rendre à ses dépouilles mortelles les honneurs funèbres qui lui étaient dus.... Marceau fut brave dans le combat, et généreux après la victoire. Ses ossemens ont été réunis à ceux de Hoche et de *Cherin*, dans un mausolée élevé sur les bords du Rhin.

MARMONT, *Patriote*.

Ce brave guerrier triomphe aujourd'hui des horribles atteintes de la calomnie; il n'est plus qu'une voix pour l'absoudre; et qui dit avec vérité, le maréchal *Marmont*, a fait son devoir.... Fils d'un militaire estimable, Auguste-Frédéric-Louis-Pierre *Marmont* reçut dans sa jeunesse, cette éducation qui élève l'ame et anoblit les sentimens. La carrière des armes s'offrit à lui avec tout ce qu'elle a de séduisant pour un jeune cœur avide de gloire. Le désir de marcher sur les pas des braves, l'honneur de la patrie, l'enflamma d'une noble émulation; il étudia avec soin les principes de la guerre, et ses connaissances étaient déjà assez étendues, lorsque la révolution qui se déclara en France lui permit de joindre la pratique aux leçons de la théorie. *Marmont à l'armée d'Italie*, à celle *d'Orient*, fit preuve de talens, de zèle, de courage et de civisme; toujours employé dans nos armées, il mérita la confiance des soldats, l'estime des chefs, et son dernier combat devant Paris, où, avec une poignée de braves, il arrêta les efforts de troupes infiniment supérieures, le couvre de gloire et d'honneur, malgré la jalousie et l'affreuse calomnie qui voudraient lui faire un crime de sa fidélité à ses sermens et de son noble dévouement.

MARESCOT, *Patriote.*

Armand-Samuel *Marescot*, que l'arme du génie à placé au premier rang parmi les généraux français, est né à *Tours*, le 1er. mars 1758. Élevé au collége de la Flèche, il passa à l'École-Militaire, et en sortit au commencement de 1776. A l'époque de la révolution, *Marescot* était capitaine du génie : dès le commencement de la guerre, il se trouva aux armées, qu'il n'a jamais quittées ; c'est en défendant nos places fortes, et en faisant preuve d'audace et de talens, qu'il obtint tous les grades; modeste à l'excès, il joint aux talens éminens, ce doute de son propre mérite, qui en est toujours l'indice le plus certain; il a des connaissances très-étendues dans les sciences physiques et mathématiques; il est associé de l'Institut, depuis l'origine de cet établissement. D'une simplicité de mœurs vraiment touchante, il est bon père, bon époux, ami généreux et obligeant, de la probité la plus scrupuleuse; il a recueilli l'héritage des *Vauban* et des *Catinat*, les talens, l'honnêteté, la modestie.... Il a été persécuté, et on voulait lui faire un crime de sa prudence ; mais le temps et les événemens l'ont parfaitement justifié.... Il a vu la restauration, et tous ses maux sont oubliés ; il ne songe plus qu'au bonheur de son pays.

MASSÉNA, *Patriote.*

« . . . *Si forte virum quem conspexere silent.* »

La postérité, il est vrai, a seule le privilége des louanges.... mais le temps présent doit quelque reconnaissance à ses bienfaiteurs ; et pourquoi garder le silence sur les faits glorieux dont se compose la vie militaire de *Masséna*, puisque l'Histoire en orne déjà ses plus belles pages ; louer ce héros, c'est lui rendre justice, et c'est en même temps bien mériter de la patrie.

Masséna est né à *Nice*, dans le comté de ce nom ; cette ville fut le témoin de ses premiers succès, lorsqu'en 1793 il vint se placer dans les rangs des soldats français. Quelle belle carrière il a parcourue ! quels lauriers immortels il a cueillis en Italie.... On ne le connaît plus que sous le nom de l'Enfant de la Victoire. Sa belle défense de Gênes ajoute à sa renommée ; il a fait taire l'envie, et l'odieuse jalousie se cache à son aspect ; ses ennemis se taisent.... Brave

Masséna, maréchal illustre, la patrie se rappellera toujours les services que tu lui as rendu, et ton nom est à jamais inséparable de ses plus beaux triomphes.

MATHIEU, *Patriote*.

Maurice Mathieu, né à Saint-Afrique (Aveyron), appartient à une des plus anciennes familles calvinistes de ces contrées, qui se font encore remarquer de nos jours par la pureté de leurs mœurs, leur zèle pour la cause de leurs aïeux et leur amour pour la patrie. Ce brave a fait toutes les campagnes de la révolution; les services qu'il a rendu à nos armées, ne seront jamais oubliés. Ce général a reçu plusieurs blessures; il a acquis l'amitié de ses frères d'armes, et l'estime de ses concitoyens.

MENOU, *Patriote-Constitutionnel*.

Jacques-François Menou, était né à Boncey, près Preuilly (Indre-et-Loire), en 1751. Destiné à parcourir la carrière des héros, le 3 décembre 1781, il avait été nommé maréchal de camp des armées du Roi ; il fut député à l'Assemblée constituante, guida les armées françaises, fit partie de l'armée d'Orient, succéda à Kléber, dans le commandement des braves qui composaient cette armée. De retour en

France, il commanda en Piémont. *Menou* n'existe plus.

MEUSNIER, *Républicain*.

Parmi les chefs de nos braves, si jeunes d'ans et si vieux de courage, qui périrent avec tant de gloire, au champ d'honneur, on ne peut oublier le général Meusnier, qui ne vécut que quelques instans, tous consacrés à l'étude, à la gloire, à la patrie. Il était né à Paris, le 19 juin 1754. Né pour la science du calcul et des connaissances abstraites, habile dans l'art d'*Euclide* et d'Archimède, toutes les parties de la géométrie lui étaient familières ; il fut employé aux travaux de *Cherbourg*, et, de retour à son école, dont il était professeur, il s'occupa de l'invention d'une machine pour dessaler l'eau de la mer. Depuis, cette machine a été perfectionnée. Meusnier fut chargé, par le ministre *Servan*, du soin de perfectionner les signaux. En 1793, il publia la description d'une lampe économique de son invention, et quelques idées nouvelles sur la décomposition de l'eau. Collaborateur du savant *Lovoisier*, c'est avec lui qu'il avait cultivé la chimie d'une manière toute particulière.

Employé à l'armée du Rhin, il rendit de très-grands services. La défense du fort de Cassel lui ayant été confiée, il fut tué à une attaque qui eut lieu au commencement de juin 1795, pour s'emparer des îles du Mein. Son tombeau se voit encore dans une de ces îles.

MERLIN DE DOUAI, *Républicain-Conventionnel.*

Ministre de la justice, membre du Gouvernement et chargé des fonctions honorables d'une des premières magistratures, *Merlin de Douai* ne s'est occupé que de la législation. On se ressouvient encore avec effroi de ces temps désastreux, où, membre du comité de législation de la Convention nationale, il faisait adopter ces lois atroces, impolitiques et funestes, créées par la haine et la vengeance, adoptées par la faiblesse et la peur, soutenues par la terreur; lois bientôt impuissantes, parce que tout se réunit contre elles, qu'elles peuvent frapper tous les partis, que l'homme probe, comme le scélérat, peuvent en être les victimes.

Merlin de Douai fut toujours républicain; tous les actes de sa vie l'attestent..... C'est la seule excuse qu'il peut donner, et qui peut appeler pour lui l'indulgence, parce qu'il ne s'écarta jamais de l'esprit républicain..... Merlin de Douai s'est retiré à Bruxelles.

MEYER, *Étranger Patriote.*

Lucerne vit naître, en 1763, le général *Meyer.* La France l'a placé parmi ses véritables enfans ; elle voulut être sa mère adoptive, et le vit, avec joie, parcourir une brillante carrière, et se montrer toujours fidèle aux principes de l'honneur et du devoir, et supérieur à l'une et à l'autre fortune. Traîné dans les prisons de Hongrie, il mit à profit le malheur même de son voyage, et les loisirs de sa captivité, en s'occupant de recueillir les matériaux de l'ouvrage qu'il a publié depuis sous le titre de *Lettres sur la Carinthie*; revenu en France, il partit pour Saint-Domingue, où la mort mit un terme à sa carrière et à ses services. Le général *Meyer* réunissait, aux connaissances militaires, des lumières étendues dans divers genres, et des vertus privées qui le rendaient recommandables : il joignait, à un cœur bon et sensible, un caractère grave et austère : son ame était forte, son esprit cultivé, son caractère ferme et loyal.

MICHAUD, *Patriote.*

Les services que le général *Michaud* a rendus à la République, l'ont, depuis long-temps, placé au premier rang : considéré parmi les militaires par ses talens et ses connaissances ; il est encore compté, par l'opinion publique, au nombre des guerriers qui ont su mériter l'estime de leurs concitoyens, par leur modestie, leurs principes sévères et leur éloignement pour les partis qui ont successivement régi la France à des époques malheureuses. Louis-Gabriel *Michaud* est né le 19 janvier 1775, à Villette (Ain); il a obtenu tous les grades jusqu'à celui de général de division, et a rempli les fonctions d'inspecteur général d'infanterie.

MODÉRÉS (les).

Honneur à ces hommes sages qui, pendant les tourmentes révolutionnaires, ont le courage de porter des paroles de paix; qui veulent concilier les esprits, et qui, dans leurs opinions, ennemis de toute exaltation, proposent toujours celles qui sont les plus modérées, et ne permettent jamais à l'enthousiasme de les maîtriser. La Modération, fille du Ciel, est la compagne de la Paix; ces deux filles célestes viennent ensemble réparer les maux que firent la Discorde et la Haine..... Le Modéré est l'homme vraiment sage..... mais ne donnez pas ce beau nom à ces hommes qui se croient modérés, parce qu'ils sont indifférens; qui, par lâcheté, n'osent prendre un parti dans les dissensions civiles, qui se rangent toujours du côté du vainqueur, et qui, par leur nullité, nuisent toujours à la bonne cause..... On connaît beaucoup de ces Modérés..... Ce ne *sont pas des girouettes*, ne vous y trompez pas ; ils sont moins vils, mais ils sont peut-être plus dangereux, parce que leur rôle est plus taciturne, et que leurs complices forment ordinairement avec eux la grande majorité.

MENARD, *Patriote.*

Philippe-Romain *Menard*, né le 24 octobre 1750, à Liancourt (Oise). Les combats nombreux qu'il a soutenus à la tête des bataillons français, attesteront, dans nos fastes, sa bravoure et ses talens militaires; mais il est une gloire encore plus solide, c'est celle qu'il s'est acquise par sa probité, par des principes sévères dans tous les lieux où il a eu à défendre l'honneur national. Une telle réputation vaut les plus brillans succès remportés par les armes, et établit d'une manière durable les titres du général Menard à l'estime de ses concitoyens.

MONCEY, *Patriote-Constitutionnel.*

Le nom du général *Moncey*, disent les auteurs de la Galerie Militaire, est cher à la gloire, aux soldats, à la patrie. Guerrier intrépide, chef habile, bon citoyen, tels sont les titres à la renommée du maréchal Bon-Adrien-Pierre *Moncey*, né à Besançon (Doubs) le 31 juillet 1754. Fils d'un avocat au parlement de la ci-devant province de Franche-Comté. Les vertus publiques et privées, le désintéressement et l'inaltérable probité de *Moncey*, lui ont obtenu l'estime de l'armée. Ami des malheureux, protecteur des gens de bien, à toutes les époques, il s'est déclaré contre les factions qui bouleversaient la France.

MONGE, *Patriote-Constitutionnel.*

Ce savant honore son siècle par ses connaissances profondes dans les sciences abstraites. Membre de l'Institut, il en est l'ornement. Par ses travaux, son zèle et son intelligence, il a illustré le nom français sur les bords du *Nil.* Ses qualités civiques le rendent cher à la patrie. Il est sans ambition, sans faste, sans orgueil. Servir son pays, cultiver en paix les sciences et les arts, voilà son unique désir.

MONNIER, *Patriote.*

Cet officier général servait dans la garde nationale en 1789. Il était alors dans sa ville natale et au sein de sa famille. Ayant pris du service dans nos armées, il fut envoyé à l'armée d'Italie, où il obtint un prompt avancement et se fit remarquer par son amour pour la discipline, son courage, son zèle et ses connaissances militaires. Général de division, il défendit la ville *d'Ancône* avec un talent et un courage au-dessus de tous les éloges, pendant cent cinq jours. Il ne se rendit qu'après la quatrième sommation. Le major général d'artillerie autrichien étant venu, après la reddition, pour constater la situation des forts et des magasins, ne voyant de tous côtés que brèches et décombres, observant toutes les pièces démontées ou écrasées, n'ayant trouvé que de la poudre avariée, ne put s'empêcher de manifester un sentiment d'admiration. Il se retira sans donner de reçus, en disant : « Vous n'avez conservé que la gloire, nos reçus n'y ajouteraient rien. »

MONTAGNE (la).

Le grand foyer révolutionnaire,..... l'assemblage monstrueux de toutes les passions, de toutes les haines, de tous les crimes, de toutes les ambitions,.... et cette Montagne foudroya la plaine, et devait réussir contre des ennemis bavards, insoucians et très-habiles à céder à l'orage. La Montagne eut un grand nombre de prosélytes, parce qu'elle épouvantait les uns et flattait les autres..... Mais son règne devait bientôt finir .. Voulant dominer par la terreur, continuellement elle frappait de la foudre à tort et à travers..... Mais si le ciel a des orages, il a des jours sereins. Frapper fort, frapper toujours, est rarement le moyen de réussir. Quand la foudre gronde, les êtres vivans se réunissent; on dirait qu'ils veulent s'opposer à la mort qui vient les frapper. Révolutionnaires, vos cachots ont été ouverts, le fer de vos bourreaux a été brisé, vos échafauds ont été renversés, parce que, dans la nature, tout ce qui est terrible est de peu de durée; que les hommes, tôt ou tard, résistent à la tyrannie; et que, pour consolider un Gouvernement, il faut plutôt douceur que violence, force que terreur, amour que vengeance.

MONTALEMBERT, *Royaliste.*

Marc-René Montalembert naquit à Angoulême le 16 juillet 1714. Il était un des descendans d'André Montalembert, seigneur d'Essé et de Ponvilliers, lequel tirait son origine de l'illustre famille des Montalembert du Poitou, se fit un nom célèbre dans la carrière militaire, sous les règnes de François Ier. et de Henri II; fut tué le 15 juin 1755 d'un coup d'arquebuse, sur la brêche de la ville de *Terrouane*, assiégée par les troupes de l'empereur d'Allemagne, et mérita, par ses vertus et ses belles actions, d'être cité avec distinction dans les Mémoires de *Brantôme*.

La nature l'avait formé pour l'étude des sciences

abstraites. Lorsqu'en 1732 il entra au service, il était déjà recommandable par l'immensité de ses connaissances, et particulièrement par des ouvrages scientifiques sur l'arme de l'artillerie et des fortifications. Il fit ses premières campagnes sous le maréchal de Berwick, à l'époque où, pour soutenir les droits de son beau-père *Stanislas*, élu roi de *Pologne*, Louis XV avait déclaré la guerre à l'Empereur. *Montalembert* se trouva au siège de *Kell* et de *Philisbourg*, et ce fut à l'école de l'expérience, au milieu des camps et dans les tranchées que se forma ce génie, qui devait, avec tant de gloire, parcourir la carrière illustrée par *Vauban*. De retour dans ses foyers, il fut nommé capitaine des gardes du prince de Conti. Il profita des momens de loisirs que lui procurait ce service, pour se livrer avec une nouvelle ardeur à l'étude de presque tous les genres de sciences et d'arts. Telle était sa réputation, qu'il fut reçu, en 1747, à l'unanimité des suffrages, membre de l'Académie des sciences et belles-lettres. Il enrichit bientôt les mémoires de cette Académie de pièces intéressantes, parmi lesquelles on sut apprécier un Mémoire sur l'Evaporation des Salines de Tarckeim dans le Palatinat, sur la rotation des boulets, sur la qualité de la fonte des canons, sur la manière de changer les cheminées et poêles ... etc.

En 1750 il fut chargé, par le Gouvernement, du soin d'établir des forges dans l'Angoumois et dans le Périgord, et d'activer la fonte des canons pour la marine....

Montalembert fut employé dans la guerre de 1757 comme officier supérieur; ce fut principalement pendant les siéges d'Hanovre et de Brunswick qu'il mûrit ces innovations hardies qu'il méditait depuis long-temps dans l'art de défendre les places. Des généraux du plus grand mérite se firent un devoir de louer sa théorie, et de lui attribuer sa part de gloire acquise dans toutes les opérations militaires où il avait été employé. Quelque temps après il fut envoyé en Bretagne, où il éleva des fortifications à l'île d'Oléron, qui lui doit tout ce qui sert actuellement à sa défense. C'est alors qu'il prit une route nouvelle et qu'il mit en pratique les principes de cette théorie jusqu'alors inconnue, et que son génie a créée. Tandis que d'une main il tenait le compas et le crayon, de l'autre il entretenait une correspondance suivie avec les généraux et les ministres. Les lettres qu'il écrivit alors peuvent être regardées comme une partie intéressante de la guerre de sept ans : elles prouvent qu'il avait déjà rendu de grands services à la patrie.

Ce fut en 1776 qu'il donna le premier volume de son grand ouvrage sur *la Fortification per-*

pendiculaire ou *l'Art défensif*. Il y démontra les inconvéniens des systèmes anciens, et y substua celui des casemates, qui fournissent un feu tel, qu'une place fortifiée à sa manière lui paraissait inexpugnable. Cet ouvrage, que Montalembert a poussé jusqu'à dix volumes in-4°. avec quantité de planches, contient, sur toutes les parties de l'art militaire, les détails les plus complets, l'histoire des siéges les plus fameux, les machines les plus intéressantes, un nouvel affût, un nouveau fusil, des idées neuves sur la guerre dont il avait été acteur ou témoin, des plans de villes et ports, leurs défauts et leurs améliorations possibles, etc. Sa théorie, appuyée de l'expérience, déconcerta les plus habiles tacticiens ; ils virent avec étonnement un officier de génie se déclarer tout-à-coup le rival du célèbre *Vauban*, opposer un nouveau système à celui que l'usage avait adopté, obtenir les éloges de tous les savans, même des guerriers qui avaient blanchi sous les armes, et qui furent les premiers à l'applaudir. Le Gouvernement français, qui aurait pu se plaindre d'une publicité qui faisait, pour les puissances rivales, une découverte qu'il aurait voulu s'approprier exclusivement, fut obligé de céder au torrent de l'opinion. « Tout le monde chante vos louanges, écrivait le duc de *Choiseul* à M. de Montalembert, vous ne doutez pas du plaisir que j'ai de voir que vous êtes si utile au service de l'Etat. » Au milieu des applaudissemens de l'Europe, l'envie se déchaîna contre lui ; elle traita son système de dangereuse innovation. Des guerriers respectables, des officiers de génie reprochaient à Montalembert d'avoir abandonné la doctrine de son maître, celle du célèbre *Vauban*, comme si le génie était exclusivement l'apanage du maître, et comme s'il était défendu à l'élève de s'immortaliser à son tour. L'auteur de la fortification perpendiculaire crut qu'il était de son devoir de répondre à ses adversaires : il le fit avec dignité, avec sagesse, quelquefois d'une manière victorieuse. Il consacra un volume de son ouvrage à les réfuter, et s'appliqua particulièrement à repousser les objections qui lui avaient été proposées par les écrivains du corps respectable du génie. Des princes étrangers profitèrent de ces disputes polémiques et de ces tracasseries ; et tandis qu'ils offraient à Montalembert des honneurs et des pensions s'il voulait aller chez eux construire les chef-d'œuvres de la fortification perpendiculaire, les savans de l'étranger se faisaient un devoir de traduire, dans toutes les langues, l'ouvrage dans lequel ce système était consigné. Frédéric-le-Grand, qui se connaissait aussi bien en hommes qu'en systèmes de guerre, écrivit de sa propre main à

Montalembert, une lettre pleine d'éloges sur ses ouvrages.

En 1779, Montalembert avait été chargé de faire construire à l'île d'Aix un fort en bois. Cet ouvrage, qui fait l'admiration des gens de l'art, fut exécuté dans l'espace de deux années. Sa solidité est telle, qu'on y tira, lorsqu'il fut achevé, plus de cinq cents coups de canon, sans causer le moindre éboulement. En 1792 il avait achevé son dernier volume. Il contient la description d'un affût pour la marine, plus perfectionné et plus efficace.

Montalembert, pendant les dernières années de sa vie, conserva toute l'activité de son génie, il écrivait encore avec facilité. A quatre-vingt-cinq ans, il se présenta à l'Institut, pour y lire un Mémoire sur les affûts de la marine, et il le prononça d'une voix forte et assurée, avec un développement d'idées qui pénétrèrent tous les assistans de la plus profonde vénération.

Cet officier général avait un caractère aimable; il était d'une humeur douce et enjouée. Il a composé des pièces de société, parmi lesquelles on cite la *Statue,* la *Bergère de qualité,* la *Bohémienne;* il a fait des contes en vers, des chansons, etc. Montalembert mourut à Paris le 7 germinal an 9.

MONTESQUIOU, *Patriote-Constitutionnel.*

A. M. Montesquiou-Fezensac appartenait à l'ordre de la noblesse. Son éducation fut soignée; Il obtint un prompt avancement dans l'état militaire qu'il avait embrassé. A l'époque de la révolution, il était chevalier des ordres du Roi et premier écuyer de Monsieur, frère du Roi (aujourd'hui Louis XVIII). Il fut un des premiers privilégiés qui votèrent pour la réunion avec le tiers-état, et fut chargé de porter aux communes la réponse de la noblesse aux invitations de réunion. Membre de l'Assemblée constituante, il fut un des membres de la commission des finances. Le 14 mars 1791, il fut élu président de cette assemblée. Montesquiou, après avoir rempli ses devoirs de citoyen et de soldat, fut dénoncé : il osa faire paraître sa justification ; il disait : « Je sentis, qu'à cette époque, je n'avais à choisir qu'entre l'assassinat et l'exil, et je dérobai à la vengeance cette tête que je présenterai sans cesse à la justice. » Le représentant du peuple *Doulcet* justifia pleinement ce général, qui, le premier, avait fait retentir des cris de victoire sur les montagnes de la Savoie. L'acte d'accusation fut rapporté : le général Montesquiou revint en France, fut rétabli dans la jouissance de ses biens ; et mourut dans le courant de l'an 7, d'une fièvre putride et maligne.

MONTRICHARD, *Patriote.*

Ce brave vint se ranger des premiers sous les drapeaux français; il contribua aux succès des premières campagnes. Il se montra soldat intrépide, général expérimenté, habile chef d'état-major, bon ami et bon citoyen.

MORTIER, *Patriote.*

Le maréchal Edouard Adolphe-Casimir-Joseph Mortier, né à Cambrai (Nord), a servi toujours avec honneur la gloire et la patrie. Les armées du *Nord,* de *Sambre-et-Meuse,* de Mayence, du Danube,... etc... etc., l'ont constamment vu à leurs avant-postes, et son nom se lie aux victoires nombreuses qu'elles ont remportées. Aujourdhui, revêtu de la confiance de son Roi, il s'en rend digne par sa fidélité et son amour pour la patrie.

MOREAU, *Patriote.*

Salut au grand homme, au grand capitaine qui n'est plus..... Il faudrait la plume de Plutarque ou celle de Cornélius-Nepos pour raconter dignement ce qu'il a fait et ce qu'il aurait fait encore, si le destin eût épargné ses jours.

On a déjà essayé, et la muse de l'Histoire a secondé les efforts de quelques auteurs, anciens patriotes, pour entrer dans la carrière et nous offrir le récit des belles actions de ce Breton que la France révère, et que les étrangers apprirent à-la-fois à estimer et à craindre.

Jean-Victor Moreau naquit à Morlaix (Finistère) en 1763 : il fit son droit à Rennes, où il fut reçu avocat; il était bien éloigné, sans doute, de prévoir qu'il dût un jour être célèbre dans la profession des armes. Lorsque le département d'Ile-et-Vilaine forma son bataillon, Moreau en fut nommé le chef; il passa successivement par tous les grades militaires, jusqu'à celui de général en chef, qu'il sut si bien remplir : les combats qu'il a livré furent autant de victoires, ses retraites mêmes lui ont mérité de beaux triomphes, la victoire de *Hohelinder* est sa fille aînée ; toutes les voix se réunissent pour lui donner le prix du talent. Couronné par la gloire, estimé de ses ennemis, aimé des soldats, admiré de ses concitoyens, le général Moreau revint en France à la paix de Lunéville : la reconnaissance nationale se plaisait à le citer au premier rang, parmi les sauveurs de la patrie, et, dans la retraite qu'il s'était choisie à *Grosbois*, Moreau était digne de sa grande renommée.

La haine et l'envie voulaient le perdre. On l'accusa d'avoir conspiré contre le Gouvernement ; il fut arrêté, incarcéré, mis en jugement..... Il fut condamné à deux ans d'emprisonnement et aux frais de la procédure. Le général Moreau n'ayant pas cru devoir appeler de ce jugement, qui fut confirmé par le tribunal de cassation, il fut extrait deux jours après de la tour du Temple, et partit pour se rendre aux Etats-Unis.

Il vivait en paix à l'ombre des lauriers qu'il avait conquis et que rien ne pouvait flétrir, lorsque l'Europe, conjurée, réunit toutes les forces et tous les talens contre l'ambition d'un seul homme, et pour donner la paix au monde. Cet appel est fait à *Moreau;* il cède, et, devant Dresde, le premier jour du combat, il fut frappé du coup mortel, qui le ravit à nos espérances et à la gloire.

MONTCHOISY, *Patriote.*

Ce guerrier, né dans la classe de la noblesse, fut, dès son enfance, destiné à la profession des armes. Le 23 novembre 1790, il fut élevé au grade de colonel du 68e. régiment, et le 8 mars 1792, il reçut le brevet de maréchal de camp, servit à l'armée de la Belgique ; il fut nommé commandant de la place de *Saumur,* après la prise de cette place : il quitta cette ville pour défendre Maubeuge. Mais ce fut en *Suisse*, où il se distingua par sa bonne conduite : le général *Montchoisy* reçut, à cette occasion, la lettre la plus flatteuse du petit conseil de Berne; il a été inspecteur aux revues, et il a commandé la 18e. division militaire.

MOULIN, *Républicain*.

Jean-François-Auguste *Moulin* naquit à Caen (Calvados) en 1752. Son père était commerçant; il jouissait de l'estime de ses concitoyens et ne négligea rien pour donner à ses deux fils (1) une éducation conforme à sa fortune. Auguste Moulin était l'aîné; il entra dans les ponts et chaussées, où il servit dans les généralités de Normandie et de Picardie; il fut ensuite attaché, comme ingénieur, à l'intendance de Paris. Lorsque la guerre contre l'Autriche eut été déclarée, il fut nommé l'un des officiers de l'état-major des trois premiers bataillons volontaires de Paris, levés en juillet 1791; il obtint tous les grades jusqu'à celui de général de division. Le 2 messi-

---

(1) Le frère d'Auguste *Moulin*, nommé Jean-Baptiste-François *Moulin*, était général de brigade, et se donna la mort dans une des rues de la ville de Chollet, pour ne pas tomber entre les mains des Vendéens qui l'environnaient.

dor de l'an 7, dans la séance du conseil des Cinq-Cents, *Moulin* obtint cent-cinq suffrages, et fut élu membre du Directoire à la place de la *Reveillère-Lepaux*. Dans l'assemblée publique de son installation, le général *Dumoulin* disait : « Lorsque les dangers de la patrie commandent, » un soldat de la patrie ne doit prendre » conseil que de son courage : j'apporte ici le » dévouement d'un militaire accoutumé à rester » ferme au poste qui lui a été assigné. Si une » haine profonde des ennemis de la France, » des dilapidateurs et des fripons, est un titre » à votre confiance, j'ai l'orgueil de croire que » mes preuves sont faites, et que vous me l'ac- » corderez.... »

Après la journée du 18 brumaire, *Moulin* se retira à la campagne, où il a rempli tous les devoirs d'un bon père, d'un bon époux, d'un bon citoyen, jusqu'au moment où il succomba aux atteintes d'une longue maladie.

MULLER (léonard), *Patriote*.

L'armée des Pyrénées occidentales dut une grande partie de ses succès au brave Léonard *Muller*, qui fut nommé son général en chef, et qui sut la former dans le silence, l'organiser en combattant, et l'électriser par l'exemple de son émule, l'armée des Pyrénées orientales. Il était né à Sarre-Louis, et était entré au service dans la maréchaussée en 1783. On a loué ses mœurs, sa probité et son désintéressement.

N.

NANSOUTY.

Le général *Nansouty* a souvent contribué aux succès de nos armées, à la tête de la cavalerie, et cette arme le compte au nombre de ses officiers généraux les plus braves et les plus instruits ; sa réputation, ses services et son grade, lui ont mérité la confiance nationale et l'estime des braves. Etienne-Marie-Antoine-Champion Nansouty, est né à Bordeaux, le 30 mai 1768 ; avant d'être au service, il était cadet gentilhomme de l'Ecole royale militaire ; il a obtenu le grade de général de division.

NIELLY, *Patriote.*

Joseph-Marie Nielly est né le 27 septembre 1751. Brave marin, il a obtenu tous les grades par ses services ; il eut le bonheur de s'emparer du vaisseau anglais l'*Alexander.* En l'an 6, il fut chargé de transporter des troupes en Irlande ; l'année suivante, il fut nommé commandant d'armes à l'Orient ; le contre-amiral Nielly avait obtenu sa retraite en l'an 11.

NIOU, *Patriote.*

L'intrépide *Niou* (Louis - Gaston), fils de Joseph *Niou*, ancien ingénieur en chef de la marine royale, petit-fils de Gaston *Niou*, aussi grand-prévôt de la marine à Rochefort (Charente-Inférieure), naquit à Rochefort, le 18 janvier 1775; il fut aide-de-camp du brave général *Dufour*, et se fit remarquer par des actes de bravoure extraordinaires, multipliés, et par le succès des entreprises les plus périlleuses.

Nous copions, dans le Précis chronologique de l'histoire, page 287, le fait suivant.

« Le général Dufour venait d'emporter les redoutes de *Palingen*, près de *Trèves;* les autrichiens, dont la cavalerie était quatre fois plus nombreuse que celle du général français, s'avançaient sur son infanterie, qui n'occupait pas encore les retranchemens conquis; il fallait prévenir l'impétuosité décisive des escadrons ennemis, ou se résoudre à en être écrasé; le général Dufour ordonne à *Niou*, capitaine au 19e. régiment de chasseurs, de charger, avec sa troupe légère, la masse presque inattaquable de la cavalerie autrichienne; ce jeune homme, âgé de 19 ans, regarde son général avec des yeux où brillent l'audace, le mépris des dangers, et la certitude de la victoire; il lui dit : « *Où m'en-*

voyez-vous ? — *A la mort, mais à la gloire.* »
L'impétueux Niou vole ; tandis qu'il arrête, combat et dissipe l'ennemi, il laisse à son général, le temps de former son infanterie, encore en désordre, et d'occuper les redoutes; Niou perd son cheval dans le combat; il abat un cavalier autrichien, et s'empare de son coursier; il a le pied coupé d'un coup de sabre, l'épaule et le bras fracassé; il reparaît vainqueur; et tandis que son sang ruisselle, il jouit de son triomphe, dans les bras de son général. »

Nion eut les qualités du cœur et de l'esprit; aussi modeste que brave, bon parent, bon ami, bon camarade, il était fait pour être aimé.

NOGUÉS (J.-F.-X.), *Patriote.*

Jean-François-Xavier Nogués est né à Castelnau-Rivière-Basse (Hautes-Pyrénées), le 3 décembre 1769. Il montra de bonne heure un esprit juste, un caractère ferme, qui, joints à des mœurs douces, firent rechercher son amitié. Avec ces qualités, il n'eut besoin que d'occasions pour se rendre utile à son pays. La carrière des armes s'ouvrit devant lui; il y entra avec cette ardeur naturelle aux Français; il y obtint tous les grades; se distingua par des actions d'éclat, reçut plusieurs blessures, et n'eut pas le bonheur de mourir sur un champ de bataille : il a failli succomber aux suites d'une blessure qu'il avait reçue en tombant de sa voiture, qui le ramenait dans sa patrie.

O.

OLIVIER, *Patriote*.

Jean *Olivier* est né à Strasbourg (Bas-Rhin), le 25 décembre 1765. A l'âge de vingt ans, il embrassa la carrière militaire ; à l'époque de la révolution, il servait dans le 35e. régiment d'infanterie. Après avoir obtenu successivement tous les grades, il fut nommé général de brigade le 15 octobre 1793. A la bataille de la *Trébia*, il eut la jambe emportée d'un boulet de canon : lorsqu'il fut guéri de sa blessure, il fut élevé au grade de général de division. L'estime et l'admiration ont environné ce guerrier, qui, mutilé sur un champ de bataille, a servi encore la patrie au poste honorable qui lui fut confié, avec le même zèle qu'il la défendit dans les combats. Cette confiance qui lui fut accordée, cette vénération que ses braves frères d'armes eurent pour lui, sont la récompense due à ses vertus, à ses blessures, au sang qu'il a versé pour la cause commune.

OUDINOT, *Patriote.*

Né à *Bar-sur-Ornain* (Meuse), le 25 avril 1765, le maréchal *Oudinot*, comme soldat et comme officier général, a cueilli tous les lauriers de la gloire que *Mars* distribue à ses favoris. A la tête des grenadiers français, il a fait des prodiges de valeur. Les braves avaient en lui la plus grande confiance; sa bravoure et ses talens ont souvent maîtrisé la victoire. Toujours aimant sa patrie, toujours digne de la servir, il a fait le vœu de lui être fidèle, et son grand cœur n'a jamais manqué à ses sermens; il a vu la restauration, et de nouveaux sermens l'ont encore lié d'une plus forte chaîne à ses devoirs, à la France, à son Roi.

P.

PANNETIER, *Patriote.*

Le général Joubert honorait de son estime et de son amitié le guerrier objet de cette courte notice. Fidèle compagnon d'armes de Joubert, Claude-Marie-Joseph Pannetier aimait et respectait son général. On ne peut séparer ces deux guerriers; déjà l'un d'eux a reçu le tribut de notre éloge; l'autre ne peut être oublié dans un ouvrage consacré à la gloire, à la fidélité.

La patrie du brave Joubert fut celle de Pannetier. Ce dernier naquit à Pont-de-Vaux (Ain), le 29 septembre 1769.

Pannetier fit ses premières campagnes à l'armée de la Mozelle. C'est là qu'il apprit à s'instruire en combattant, à se former à l'école de la discipline, à apprendre à obéir avant de commander.

Il servit à l'armée d'Italie, et s'y distingua ; il fut ensuite aide-de-camp de Joubert, et à Rivoli s'immortalisa par son courage et son audace : il mérita le grade d'adjudant général à la bataille de Novi, et, en l'an 11, il fut nommé général de brigade. Officier instruit et courageux, tous ses instans ont été consacrés à la gloire et l'honneur : il a été employé au ministère de la guerre.

PATRIOTES (les).

Il est beaucoup parlé des patriotes dans ce petit Dictionnaire!.... Chaque parti, sans doute, voudra placer, dans la nomenclature qui le concerne, le nom du guerrier, de l'homme d'état ou du citoyen honoré de ce beau titre dans notre ouvrage..... Mais on demandera peut-être quelle idée nous attachons à ce mot, *patriote*..... et nous dirons..... Le patriote est ce mortel qui sut vivre et mourir pour la patrie, qui, pour elle, sut tout sacrifier, existence, fortune, renommée....; qui put se tromper le jour du combat, parce qu'il ne voyait la patrie que sous la bannière des guerriers...., et que la cause la plus juste fut pour lui celle où il y avait des dangers à courir et nul crime à commettre. Le mot patrie n'est-il pas toujours, pour l'honnête homme, un talisman qui le séduit, qui le maîtrise, qui l'entraîne; que le génie de l'intrigue ou de l'ambition sait toujours, à propos et avec adresse, faire retentir au moment où il est impossible d'appeler à son secours les conseils de la raison, les leçons de l'expérience, le cri du devoir? Alors l'homme de bien n'est-il pas placé dans cette alternative affreuse, ou de vivre comme un lâche, ou d'aller chercher la mort toujours avec ivresse au champ d'honneur, et quelquefois...., digne de quelques regrets...., sur un échafaud?

Patrie! que ce mot plaît au mortel vertueux! *Qu'il est cher aux ames bien nées!* Patriotes, puisse ce faible écrit, puisé dans les ouvrages des amis de nos guerriers et de la patrie, être pour vous la couronne de chêne et de laurier digne d'être placée sur vos tombeaux, ou sur le front de ceux d'entre vous que la mort a respecté..... Qu'elle vous dise, cette noble couronne, que toujours la patrie doit être tout pour vous ; que tout change, que tout tombe, que tout s'anéantit ; que les empires s'écroulent, que les trônes sont renversés, que les puissans passent..... et ne sont plus ; mais que la patrie est toujours là debout, toujours une, toujours existante aux yeux du vrai patriote.

Heureux les patriotes qui, pendant la nuit de la tempête politique, ont bien vu, et qui, à la lueur des flambeaux de la raison et de la vérité, ont aperçu le sentier du devoir et de l'honneur : ils sont entrés dans la carrière d'un pas assuré ; ils l'ont parcourue avec gloire, avec fidélité..... Ils ont cueilli les vrais lauriers de la gloire, que rien ...., pas même la calomnie, ne saurait flétrir..... Qu'ils jouissent, près de leur *Roi* bien-aimé, du repos qui leur appartient, des récompenses qu'ils ont bien méritées, de la reconnaissance et des regrets qui les environnent..... Mais qu'ils sachent à leur tour rendre justice aux braves que l'éclair de l'orage ne put favoriser comme eux, et que ce seul cri consolateur se fasse entendre désormais en signe de réconciliation..... « Mourir pour la patrie est le sort le plus beau, le plus digne d'envie ! »

PEREÉ, *Patriote*.

Jean-Baptiste-Emmanuel *Pereé*, né à Saint-

Valery (sur Somme), en 1762, d'un ancien et respectable marin, se livra, dès sa première jeunesse, à la navigation marchande, et obtint constamment le plus heureux succès dans toutes les opérations qui lui furent confiées. Il fut un des marins qui fit partie de l'armée d'Orient; il remonta le Nil avec trois chaloupes canonnières, un chebek, et une demi-galère, pour attaquer la flotte des Turcs. La plume éloquente du général *Berthier* nous a donné des détails intéressans sur le combat qui eut lieu entre les bâtimens français et les bâtimens turcs. Le chef de division Pereé, fut blessé au bras d'un coup de mitraille; il obtint le grade de contre-amiral.

En l'an 8, il fut chargé de ravitailler Malte, qui était au pouvoir des Français... Il était près de cette île, lorsque la division qu'il commandait fut attaquée par les ennemis; il commence le combat avec intrépidité, donne ses ordres avec sang-froid, encourage les matelots et les soldats; il est d'abord blessé à l'œil gauche, d'un éclat de bois : « *Ce n'est rien, mes amis, dit Pereé.* » Il revenait d'observer de la galerie les mouvemens des ennemis, et ordonnait une manœuvre, lorsqu'un boulet lui coupa la cuisse droite.... Il expira peu de temps après, et ses dernières paroles furent pour la patrie, et pour son épouse. Ses compagnons d'armes conservèrent son corps, qui, depuis, fut inhumé dans l'église de *Sainte-Lucie, à Syracuse.*

Pereé avait reçu de la nature un jugement sain, un coup-d'œil sûr; il savait ce qui est essentiel à un marin, prendre un parti prompt dans le danger.... S'il n'avait été moissonné à la fleur de l'âge, il eût rendu à la marine des services importans; il avait fait à l'ennemi, dans ses voyages, plus de cent-soixante prises. Pereé était bon, sensible, humain, obligeant, d'un caractère vif, loyal et généreux.

PERIGNON, *Patriote-Constitutionnel.*

Tour-à-tour général d'armée, législateur, ambassadeur, membre du sénat, le maréchal Pérignon a réuni tous les genres de gloire, et rendu, dans ces diverses fonctions, des services, dont la patrie conservera long-temps le souvenir.

Dominique-Catherine *Perignon* est né à Grenade, près Toulouse (Haute-Garonne), le 31 mai 1754. Dès sa plus tendre jeunesse, il se dévoua par goût au métier des armes; à l'époque de la révolution, il était capitaine aide-major du régiment des grenadiers-royaux de *Guyenne;* il fut député à l'assemblée législative, et s'y conduisit avec fermeté et beaucoup de circonspection, ne voulant appartenir à aucuns des partis extrêmes qui déchiraient alors la France.

Perignon quitta cette assemblée pour commencer une carrière plus glorieuse; il fut envoyé à l'armée des Pyrénées-Orientales; il s'illustra par des actions d'éclat à l'affaire du Mas-de-Serre, au combat de *Peyrestorts*, où il enleva le camp espagnol, et reçut une blessure d'un coup de baïonnette à la cuisse; déjà il était général de division. Il se distingua encore à la bataille d'Escola, à la prise de Figuères et du Bouton-de-Rose, où il tenta l'impossible, et l'exécuta en faisant ouvrir un chemin d'environ trois lieues sur une montagne.

« Pendant ce siége mémorable, Perignon donnait l'exemple des privations, comme le soldat qui manquait de tout : il montrait partout un calme inaltérable, une présence d'esprit qui rassurait les plus faciles à s'alarmer, et une fermeté d'ame qui ranimait tous les cœurs dans les momens les plus critiques. Un jour une bombe tombe à ses pieds, la mèche brûlait le pan de son habit : il était assis sur une pierre, et commandait, dans ce moment, des manœuvres aux soldats qui se trouvaient au milieu du feu de l'ennemi; on lui crie de toute part de se lever et de se mettre de côté : on croit le voir écrasé des éclats de la bombe; mais les soldats avaient besoin de cet exemple courageux, pour l'assaut qu'il méditait; il ne fit aucune attention à cette bombe, fut seulement couvert de terre, et ne voulut pas que l'on s'occupât de lui. »

Le général Perignon contribua beaucoup à la paix qui fut signée entre l'Espagne et la France, et fut envoyé ambassadeur à la cour de Madrid, où il fut reçu avec toute la considération que méritait la place qu'il occupait, et sa réputation militaire. En l'an 4 il fut chargé, par le Directoire-Exécutif de France, de faire un traité d'alliance offensive et défensive avec le Roi d'Espagne, et il réussit.

Il fut ensuite rappelé et envoyé à l'armée d'Italie; il fut horriblement blessé à la bataille de Novi.

Le général Perignon fut, en l'an 8, nommé sénateur; il est aujourd'hui un des membres de la chambre des pairs.

PICHEGRU, *Royaliste-Constitutionnel.*

Charles *Pichegru*, était né à Arbois (Jura), le 16 février 1761; sa famille ne fut connue, ni par ses richesses, ni par un nom illustre; il dut, à lui seul, son avancement et sa réputation. En 1783 il s'enrôla dans le premier régiment d'artillerie; les connaissances qu'il avait acquises, l'élevèrent jusqu'au grade de sergent-major : la révolution permit à *Pichegru* de se placer au rang des défenseurs de la patrie : la bravoure et la discipline qu'il faisait observer, et qu'il observait lui-même, lui méritèrent l'estime de ses chefs et un prompt avancement. Bientôt général en chef, il est au milieu des soldats qui l'ont vu dans leurs rangs, mais qui ont appris à l'estimer ; il organise la victoire à l'armée de Rhin-et-Moselle ; il passa à l'armée du Nord, qui dut, au zèle infatigable et aux talens de son général en chef, de reprendre l'offensive, de battre les ennemis, de les repousser jusques sur les bords du Rhin et de conquérir toute la Hollande, au milieu des glaces de l'hiver et des privations de tous les genres.

Pichegru, investi de la confiance publique, fut, aux élections de l'an 5, nommé membre du conseil des Cinq-Cents ; il fut élu président à la première séance. Les partis qui désolèrent la France, étaient encore en présence, des dissentions intestines en étaient le funeste résultat, elles étaient sur le point d'éclater. *Pichegru* s'était placé dans les rangs opposés au Directoire-Exécutif ; il dut succomber avec ceux qu'il défendait ; ils furent arrêtés, condamnés à la déportation, conduits à Rochefort, et embarqués sur la corvette la Vaillante. On les transporta à Sygnamary ; il y avait déjà six mois qu'ils languissaient dans cette terre d'exil, lorsque *Pi-*

chegru et sept de ses compagnons, n'entrevoyant pas le terme de leur captivité, conçurent le projet de s'évader, et l'exécutèrent avec un heureux succès; ils s'embarquèrent au nombre de huit, confiant au hasard le soin de les transporter vers une terre hospitalière; mille fois ils faillirent périr dans la traversée; enfin, après douze jours de la plus fatigante navigation, ils arrivèrent à *Pamaribo*, capitale de la colonie de Surinam, où ils furent traités avec les plus grands égards : on leur fit fréter un petit bâtiment, et ils vinrent mouiller, le 20 messidor an 7, à l'embouchure de la rivière de *Demerary;* bientôt ils arrivèrent à Londres, où le Gouvernement leur fit un favorable accueil.

En l'an 12, tout-à-coup on apprit dans la France entière, que deux de nos généraux en chef, les plus dignes de l'estime, de la vénération et de la reconnaissance publique, venaient d'être arrêtés a Paris, accusés d'avoir conspiré : on nommait *Moreau et Pichegru*. Quelle douleur pour les amis de la vraie gloire et de la patrie !

Tous les prévenus de cette conspiration ayant été mis en présence de leurs juges, la procédure était commencée, lorsqu'un rapport officiel fit connaître, que dans la nuit du 15 au 16 germinal, *Pichegru* s'était suicidé dans sa prison, au moyen d'une cravate de soie et d'un bâton de chaise, dont il s'était, disait-on, servi comme d'un tourniquet, pour s'étrangler. (Des personnes mieux instruites, prétendent que des assassins furent introduits dans la prison, et qu'ils étranglèrent *Pichegru*, par ordre de ceux qui craignaient les aveux que pouvait faire cet infortuné général.)

La mort par strangulation ayant été constatée, son corps fut inhumé dans le lieu destiné aux sépultures de l'arrondissement du *Temple*. Ainsi périt le général *Pichegru*, qui fut fidèle à la cause des Bourbons, et doit être, pour le siècle présent, un sujet de regrets et de larmes, et pour les siècles à venir, un sujet d'admiration et d'éloges.

PIGEON, *Patriote.*

Né à Toulouse en 1760, N. *Pigeon*, à l'âge de quatorze ans, entra, en qualité de soldat, dans le régiment de Condé, où il servit sans interruption pendant seize années. En 1791, il fut nommé adjudant-major au premier bataillon de la Haute-Garonne, qui fut envoyé à l'armée du *Var*; il était un des officiers employés à la conquête de *Nice*. Après avoir obtenu les autres grades, il servit en qualité de général de brigade à l'armée d'Italie.... En l'an 7, il servit à la même armée commandée par *Schérer*. Le 16 germinal, le jour même où il reçut le brevet de général de division, en récompense de ses services, il fut atteint, au combat sanglant qui fut livré près de Véronne, d'un coup de feu dont il mourut quelque temps après. Il fut enterré sur le champ de bataille.

PILLE, *Patriote*.

Soissons, chef-lieu du département de l'Aisne, a vu naître le brave général *Pille*, le 14 juillet 1749. C'est à *Dijon* qu'il prit les armes pour la patrie. C'est à ses soins que le département de la Côte-d'Or dut l'organisation de ses bataillons. Lorsque la campagne fut ouverte, il mena au combat les gardes nationales qu'il commandait, et sut, avec elles, résister et vaincre. Nommé adjudant-général, il partagea les dangers et la gloire de la campagne de la Belgique. Livré aux Autrichiens par *Dumourier*, le 2 avril 1793, il fut détenu à *Maestrick*. *Pille*, rendu à la patrie, fut nommé général de brigade et allait être envoyé à l'armée des Alpes, lorsqu'il fut chargé du portefeuille de la guerre, au moment de la suppression des ministères et de leur réorganisation sous le nom de *Commissions exécutives*; qu'il remit ensuite au général Aubert-Dubayet. *Pille* a commandé avec honneur plusieurs divisions militaires. Il a été ensuite nommé inspecteur en chef du comité central des revues et administration des troupes, près le ministre de la guerre.

PLÉVILLE-LE-PELEY, *Patriote*.

Né à Granville, marin dès l'enfance, Pleville-le-Peley dut à ses talens, et aux services qu'il rendit à la patrie, les titres honorables dont il fut décoré. Il fut employé au siége de Mahon : à l'époque de la révolution, il avait fait douze campagnes, assisté à cinq combats, avait été employé à plusieurs expéditions et fait plusieurs voyages de long cours. En 1766, il n'était alors qu'enseigne, lorsque, dans un combat naval, il eut la jambe emportée d'un boulet de canon. Il était chef de division le 1er. vendémiaire an 5. La même année il fut nommé ministre de la marine et des colonies à la place de *Truguet*. En l'an 6, il fut promu au grade de contre-amiral, et quelque temps après, à celui de vice-amiral.

Le 3 nivose an 8, il fut élu membre du Sénat-Conservateur. Le vice-amiral *Pléville-le-Peley* a pour neveu un excellent officier de marine, le contre-amiral *Dumanoir*.

PRUDHOMME, *Républicain-Constitutionnel.*

Libraire, *éditeur des Révolutions de Paris*, et même, dit-on, un des auteurs; il aima la république; mais la république constitutionnelle. *Prudhomme* peut-être eut des torts; mais celui qui, depuis la révolution, ne s'est occupé que de sa profession, n'a accepté aucune fonction publique et ne doit la tranquillité et la paix dont il jouit qu'à son obscurité, peut bien obtenir grace pour des opinions, et rester dans l'oubli, l'objet de tous ses vœux.

PULLY, *Patriote.*

Audon-Malboissière *Pully*, Charles-Joseph, né à Paris le 18 décembre 1751, entra au service au sortir du collége; en 1768 il était mousquetaire; en 1792 il fut nommé colonel du 10e. régiment de cavalerie. De Pully a fait les campagnes de la révolution, où par son courage et ses talens, il a obtenu tous les grades, même celui de général de division. Il s'est particulièrement distingué à l'armée d'Italie, division du général Macdonald.

PUYSAIE (de), *Royaliste.*

Ce nom ne peut tomber dans l'oubli.... Ce

brave, qui appartenait à une des anciennes familles nobles de Normandie, au milieu des partis qui divisaient la France pendant la révolution, parut les armes à la main. Il servit la cause de son Roi, et crut un moment qu'il pouvait marcher dans les rangs des patriotes constitutionnels.... Il commandait l'armée connue sous le nom d'armée du *Calvados*. Alors des jours affreux éclairaient la France attristée.... Les Mémoires de Louvet (1) ont maltraité ce brave, mais lui ont conservé la réputation de vrai royaliste, qu'il ambitionnait. *De Puysaie* s'était retiré en Angleterre après la pacification du Calvados et la retraite des troupes royales opposées aux troupes républicaines.

Q.

QUANTIN.

Cet officier général était né à Farragues (Calvados), le 16 juin 1759. Entraîné par son goût pour l'art militaire, de préférence à celui de la médecine, auquel sa famille le destinait, il passa aux Etats-Unis d'Amérique, où il servit long-

---

(1) Ce Louvet, qui avait des talens, qui fut patriote, s'est déshonoré aux yeux des bonnes mœurs, par son roman de *Faublas*.

temps en qualité de soldat. A l'époque de la révolution, il était aux Antilles, où il rendit de grands services et mérita son avancement. Chargé du commandement en chef de Belle-Isle, il trompa la vigilance de la croisière anglaise, et, monté sur l'esquif gouverné par le brave *Heriot*, il passa au milieu de la flotte ennemie. Le général *Quantin* est mort à Paris des suites d'une mort violente.

R.

RABAUT-DE-SAINT-ETIENNE, *Patriote-Constitutionnel*.

Rabaut-de-Saint-Etienne était fils de Paul *Rabaut*. Tous les deux étaient nés à Nîmes, et y prêchaient la *parole de Dieu*. Le père, quoique très-avancé en âge, a survécu à son fils; il a prêché sous le règne de Louis XV, à l'époque où les ministres protestans étaient persécutés.

Rabaut-de-Saint-Etienne, qui nous occupe en ce moment, avait prêché, dans des temps plus calmes, et concouru, avec M. de Malesherbes, à la confection de l'édit de Louis XVI, en 1787, qui accordait aux protestans un état civil et le libre exercice de leur religion.

Rabaut-de-Saint-Etienne, devenu membre

de l'Assemblée constituante, continua à mériter l'estime de M. de Malesherbes : souvent ils se réunirent près de Louis XVI, et toujours ils se rencontraient dans les moyens, pour détourner l'orage qui menaçait ce bon Roi. Son vote à la Convention, à une époque funeste, fut remarquable. Je suis las, disait-il, de ma portion de souveraineté ou de tyrannie. Il périt enfin sur l'échafaud, après une mise hors la loi, que lui avait mérité son rapport au nom de la commission des douze, dans l'affaire *Marat*

Si *Paul Rabaut*, son père, avait osé résister à la défense de Louis XV, de prêcher le protestantisme, jamais il ne s'était séparé de son devoir de sujet fidèle, et toujours il avait exhorté son troupeau à l'amour pour son légitime souverain, et à prier Dieu pour lui et pour la famille royale. Son courage égalait la pureté de sa conduite; car, pendant qu'il était proscrit, on le vit arriver à la cour, se présenter au prince de..... pour protester de la fidélité des religionnaires envers le Roi, et supplier leur souverain d'envoyer dans les *Cévennes* des commissaires secrets, mais éclairés, pour s'assurer de la sincérité de leurs protestations. Ce moyen ayant été employé, et le rapport des commissaires ayant été d'accord avec le sien, il en résulta la cessation des mesures extraordinaires que la cour avait prises contre les protestans.

M. *Rabaut* père était dévenu l'idole des religionnaires dans les Cévennes.

RAMPON, *Patriote-Constitutionnel.*

Antoine-Guillaume *Rampon* est né à *Tournon* (Ardèche) le 16 mars 1759. Son père était un officier pensionné ; il le perdit à l'âge de trois ans. *Rampon* commença la carrière des armes par être soldat : à l'époque de la révolution, il partit pour l'armée d'Italie, passa à celle des Pyrénées, où il obtint le grade de chef de bataillon, auquel il fut élevé sur le champ de bataille, à l'affaire de Villelongue, le 5 octobre 1793 ; il fit la campagne de l'armée d'Italie, où il se distingua ; il passa à l'armée d'Orient, où il fut chargé du commandement de la division du général *Bon*, qui avait été tué au siége de Saint-Jean-d'Acre. De retour en France, il présida le corps électoral du département de l'*Ardèche*; fut nommé membre du Sénat, et obtint la sénatorerie de *Rouen*.

RÉPUBLICAINS (les).

Il y a des républicains constitutionnels, des républicains austères, des républicains entêtés ou exaltés. (*Voyez* les *Exaltés* et les *Entêtés*.)

Les uns veulent la république démocratique, les autres la république aristocratique. Opposés entre eux, ils nous présentent tour-à-tour pour modèles les républiques de *Sparte* ou de *Rome*, d'*Athènes* ou de *Carthage*, et c'est alors que leur imagination s'exalte, et qu'ils font ces beaux rêves, dont le récit enchante les hommes crédules ou dupes de leur bonne foi. Ceux pour qui l'antiquité n'a plus de charmes, nous offrent pour modèles la république *helvétique* ou celle des *États-Unis d'Amérique*.

Les républicains ont déjà fait, en France, l'essai de leur république : cet essai n'a pas été heureux. Leur république démocratique n'a eu pour résultat que l'horrible anarchie; leur république constitutionnelle appelait à son secours les gens de bien, pour la protéger et la défendre; ils n'osèrent que paraître dans la lice, sans oser y combattre. On peut attribuer sa chute aux factions, à l'égoïsme, au vil intérêt, à toutes les haines qui s'étaient déjà exercées contre la royauté avec trop de succès.

Les républicains austères avaient pris pour modèles les *Brutus* et les *Caton* de la république romaine; mais *Rome* était pauvre au siècle de *Brutus*; elle avait dans son enceinte une foule de bons citoyens, de vrais amis de la patrie. Au siècle de *Caton*, le luxe avait séduit tous les cœurs, tout était avili ou corrompu dans *Rome*; et le dernier des Romains dut se poignarder à Utique, pour ne pas survivre à la perte de la liberté, vaincue par la fortune et délaissée par les Dieux.

En France, la république n'est plus; mais lorsque le destin la repousse, le cœur du républicain austère s'écrie : « *Victrix causa dies placuit, sed victa Catoni.* »

Ici commence l'exaltation, que son âme probe doit repousser. Les républicains exaltés..... Réunissez tous les vices reprochés à tous les gouvernemens, toutes les passions haineuses, tout ce que le fanatisme a de plus horrible, tout ce que la licence et l'anarchie offrent de funeste dans leurs résultats, et vous aurez une idée de la république des exaltés.

Les républicains constitutionnels, les républicains austères sont fidèles à leurs principes. Dieu nous délivre de la constante opiniâtreté des républicains exaltés !

REGNIER, *Patriote-Constitutionnel*.

Le général de division L. *Regnier* naquit à Lausanne, en Suisse, vers 1770; il réunit, aux talens et à la bravoure, une sagesse et des connaissances peu communes; il jouit, parmi les militaires, d'une réputation méritée, et la France le place parmi les bons généraux d'exécution.

Après avoir fait les campagnes de l'an 3 et de l'an 4 à l'armée du Nord, en qualité de général de brigade, son nom se rattache au souvenir de la conquête de la Hollande par les Français : *Regnier* n'avait, à cette époque, que vingt-un ans, et à cet âge où le raisonnement est à peine développé chez le commun des hommes, il dirigeait les mouvemens de la plus forte division de l'armée du *Nord* : tous les généraux désiraient l'avoir pour commander une de leur division; le général en chef, lui-même, penchait assez souvent pour les avis qu'il donnait dans le conseil de guerre.

En l'an 5, au passage du *Rhin*, il rendit les plus grands services. Il fut de l'armée d'Orient; sa division fit partie de l'armée de Syrie; ce fut lui qui, sous les ordres de *Kléber*, surprit le camp des Mameluks ; il se couvrit de gloire dans plusieurs affaires, particulièrement à la bataille d'Héliopolis.... etc.

A une réputation militaire fondée sur tant de succès, le général de division *Regnier* sut encore joindre d'autres qualités qui le rendent recommandable. Son séjour en Egypte n'a pas moins été utile aux sciences qu'il le fut à la gloire de nos armes; l'Institut d'Égypte le comptait au nombre de ses membres, et on le vit s'occuper de recherches utiles, lorsqu'il pouvait dérober quelques momens aux opérations militaires. Il vérifia, avec *Peyre*, et nivela la pente d'un ancien canal qui s'étendait de *Suez* à *Belbeys*, et de *Belbeys* au *Nil;* il se livra aussi à des observations curieuses sur les différentes classes des habitans de l'Égypte, sur leurs mœurs, leur civilisation. Dans les derniers jours de l'occupation de l'Égypte par les Français, il adressa, à l'Institut national de France, une note égyptienne et des morceaux d'étoffes trouvés dans des fouilles faites à *Sekara*. Ce monument de l'industrie des anciens Égyptiens, peut servir à faire connaître l'état des arts chez le peuple qui mérite, à tant d'égards, de fixer l'attention. Ainsi s'est montré le général *Regnier* pendant les guerres d'Italie, d'Orient et d'Allemagne : ami des sciences qu'il cultive avec passion, et des idées libérales qu'elles inspirent, il s'est acquis de justes droits à l'estime publique.

RICHERY, *Patriote*.

Richery, dès l'enfance, destiné à parcourir la carrière des marins, reçut l'éducation conforme au genre de vie qu'il allait embrasser. Des écoles du pilotage, il passa sur les vaisseaux du Roi, et se distingua lors de la guerre déclarée en faveur de l'indépendance des États-Unis d'Amérique. Il était capitaine de vaisseau en 1789, et commandait une division le 22 fructidor an 3; il se porta sur les établissemens anglais, à Terre-Neuve, et personne n'ignore les succès qu'il obtint dans ces parages; de retour de cette expédition, deux ans après, le contre-amiral Richery mourut à *Alons* (Basses-Alpes), sa patrie, âgé de quarante-un ans.

RICHEPANSE, *Patriote*.

L'armée française revendique la gloire d'avoir élevé ce brave, né en 1770, dans une des communes du département de la *Moselle;* il était fils d'un officier du régiment de *Conti*, cavalerie; il fut admis à la solde en 1774, et compté, presque en naissant, dans les rangs des soldats; la tente fut son berceau, et les exercices militaires devinrent les jeux de son enfance; il obtint, d'année en année, tous les grades, par son courage et sa bonne conduite. *Richepanse* a servi avec gloire dans les armées d'Allemagne, des Alpes, et à St.-Domingue, où il se montra bon général et sage administrateur. Lorsque la colonie eut été pacifiée; après seize jours de maladie, la mort vint terminer ses jours : cette mort combla de douleur, et l'armée qu'il commandait, et la colonie qu'il allait rendre heureuse;

elle leur enlevait un père, un ami, un compagnon d'armes, un héros, qui cessait d'exister au moment où il allait jouir du fruit de ses travaux; le capitaine général Lacrosse, qui lui succéda, prononça son oraison funèbre; les restes inanimés de ce guerrier furent placés sous les glorieux débris du grand bastion; un monument fut élevé sur sa tombe, et les citoyens, ainsi que l'armée, y attachèrent l'expression de leurs regrets.

Richepanse eut toutes les vertus qui font le vrai militaire; attaché à ses devoirs, il aima la discipline, sut l'observer et la faire observer.

O. RIVAUD (Macoux.)

Olivier-Macoux *Rivaud*, né à Civray (Vienne), le 11 février 1766, prit le parti des armes à l'époque de la révolution; il était parent du général Jean Rivaud; il se distingua par ses talens, son courage et son amour pour la discipline; il a fait treize campagnes, s'est trouvé à plus de quinze grandes batailles, et a reçu plusieurs blessures.

RIVAUD (Jean.)

Jean *Rivaud*, naquit à Angoulême (Charente), le 24 octobre 1755; il avait servi en qualité de soldat, depuis le 1er. janvier 1773; il fut fait sous-lieutenant en 1791, obtint tous les grades, et fut fait général de division le 5 complémentaire an 10. Cet officier supérieur avait fait les campagnes de la révolution aux armées du Rhin, du Nord, et en Italie; il faisait partie de l'armée de la réserve; il fut blessé à la bataille de Marengo. Ses amis, ses frères d'armes le pleurent encore: ils regrettent en lui le brave guerrier et le bon citoyen.

ROBIN, *Patriote*.

Le nom du général *Robin* figure avec honneur dans le tableau des campagnes glorieuses des Français; en Allemagne, en Italie, il a donné des preuves multipliées de bravoure et de dévouement à la patrie. Il a toutes les qualités qui font un bon militaire; il est calme dans une bataille, il supporte sans peine toutes les privations, et s'accoutume à tous les climats; enfin, son activité et son zèle à remplir ses devoirs, son attachement à son pays, ne se sont jamais démentis.

Le général *Robin* est né à *Dortan* (Ain), le 3 juillet 1761. Ce fut la révolution qui lui ouvrit la carrière des armes, et lui a fait cette réputation qui lui a mérité l'amitié de ses frères et l'estime publique.

ROCHAMBEAU (Fils), *Patriote*.

Marie-Joseph-Donatien *de Vimeur-de-Rochambeau*, fils du maréchal de ce nom, dont nous nous sommes déjà occupés, est né à Rochambeau (Loir-et-Cher), au mois d'avril 1755. Il avait la gloire de son nom à soutenir, et l'exemple de son père à imiter; il embrassa la carrière militaire, obtint les grades dus à sa naissance et à ses talens. En 1793, il fut nommé général de division; il fit les campagnes de la révolution, se distingua à la bataille de Marengo, et n'a jamais cessé d'être utile à son pays, et de lui donner les marques de l'attachement le plus désintéressé.

ROCHAMBEAU, *Patriote-Constitutionnel*.

Jean-Baptiste-Donatien *de Vimeur-de-Rochambeau* naquit le 1er. juillet 1725; son éducation fut soignée, et ses progrès dans les sciences exactes furent rapides; c'est à l'école de l'expérience, dans les rangs des soldats français, qu'il acquit des talens militaires qui lui ont fait une grande réputation comme guerrier et comme général; toujours fidèle à ses devoirs, à la patrie, et aux principes d'une sage philosophie, *Rochambeau* s'est montré dans les deux mondes l'ami de la liberté et des principes modérés qui tendent à la réunion des esprits et à la prospérité de l'État. Le maréchal de *Rochambeau* a cessé de vivre.

ROYALISTES (les.)

On appelle *Royalistes* des individus habitans d'une vaste contrée, qui, persuadés que le meilleur des gouvernemens est le gouvernement d'un seul, qui peut seul recommencer le gouvernement antique et paternel des chefs d'une nombreuse famille, font des vœux pour l'obtenir; on les appelle aussi *Monarchiens*, quand ils ne désignent par préférence aucun individu ni aucune dynastie, pour lui conférer le pouvoir suprême.

Ces *Royalistes* ou *Monarchiens* sont encore divisés entr'eux, présentent des masses sous diverses bannières, et marchent dans un sens opposé.

On voit des *Royalistes* qui veulent des rois absolus, des rois despotes comme les sultans d'Afrique et d'Asie; la tyrannie d'un seul leur paraît légitime : prosternés devant leur idole, ils adorent, en tremblant, et veulent exiger des autres hommes la même soumission et les mêmes adorations.

Il existe des *Royalistes* qui prétendent mettre des bases à la tyrannie; rappeler les rois à leur première institution, et faire avec eux un accord ou convention qui, d'un peuple de frères, puisse faire une grande famille composée de citoyens probes et unis, enfans soumis et respectueux, gouvernés par un père, par un bienfaiteur, par un ami; on appelle ces royalistes, *Royalistes-Constitutionnels*.

D'autres *Royalistes* ne veulent reconnaître pour maîtres que les chefs d'une antique famille, auxquels ils sont liés par leurs sermens, par l'amour, par la reconnaissance. Pour ces chefs respectables, ils ont tout abandonné, ils ont tout sacrifié : leur hommage est pur et désintéressé; ils n'ont d'autre pensée, d'autre désir, d'autre volonté, que celle d'obéir à leur roi légitime, on les appelle *Royalistes purs* : puissent, ces *Royalistes*, se réunir aux *Royalistes-Constitutionnels*, et le triomphe des bons principes est assuré, et le peuple, la liberté, la constitution et le Roi, n'ont plus de vœux à former pour le bonheur et le repos de la France.

On voit tous les jours des *Royalistes* entêtés, qui ne veulent de la royauté que pour l'opposer à leurs adversaires; ils ne sont amis des rois, que parce qu'ils voient à côté d'eux des ennemis des rois, et que cette inimitié contrarie leur manière de voir et de penser; ils ne sont ni pour le gouvernement paternel, ni pour un chef constitutionnel, ni pour une ancienne ou nouvelle dynastie; ils souffriraient tout ce que le despotisme oriental a de plus atroce, tout ce que la tyrannie a de plus repoussant, s'ils pouvaient, en se déclarant esclaves, donner un maître à ce qu'ils appellent leurs ennemis. (*Voyez*-Entêtés.) Tous ces *Royalistes* existent en France depuis vingt-cinq ans, toujours constans dans leurs opinions, sans vouloir souffrir la moindre contradiction.

S.

SAHUC, *Patriote-Constitutionnel.*

Cet officier supérieur s'est montré toujours avec gloire au champ d'honneur, comme soldat et patriote. Membre du Tribunat, il a encore servi la patrie par son zèle, ses lumières, et son attachement au gouvernement de la république; il était colonel du 1er. régiment de chasseurs à la bataille de *Valmy;* il a fait toutes les campagnes de la révolution, et conquis tous les grades; il est mort au champ d'honneur.

Louis-Michel-Antoine *Sahuc*, naquit à Mello (Oise), le 8 septembre 1755. Il embrassa, jeune encore, la carrière des armes; et le 2 août 1772, il était entré, en qualité de simple cavalier, dans le régiment Royal-Lorraine.

SAHUGUET, *Patriote.*

Jetons quelques fleurs sur la tombe de ce guerrier qui n'est plus : rappelons, au souvenir des braves, un général qui a souvent, avec eux, cueilli les lauriers de la victoire, qui se montra bon capitaine, excellent administrateur, et qui, dans toutes les époques de sa vie, ne cessa de donner des preuves de son attachement à la patrie. Jean-Joseph-François-Léonard-Mazelle-Laroche *Sahuguet*, était né le 8 octobre 1756; il entra dans les Mousquetaires le 30 avril 1773, fut réformé en 1776, et prit rang de sous-lieutenant dans le régiment de Conti, dragons, le 8 décembre de la même année. Son avancement fut rapide; il servit à l'époque de la révolution à l'armée des Pyrénées, puis à celle d'Italie; nommé capitaine général de Tabago en l'an 11, il partit pour ces contrées, où, après avoir administré avec sagesse, il fut atteint de la maladie qui termina ses jours.

SAINT-CYR, *Patriote-Constitutionnel.*

La trompette guerrière, en 1792, appelait sur nos frontières menacées une jeunesse belliqueuse. *Gouvion-St.-Cyr*, né à *Toul* en 1765, s'offrit pour être un des chefs qui devaient la conduire à la victoire; il fut accepté, et se distingua dans les premières campagnes par son activité, son zèle, son courage et son dévouement. L'armée du Rhin et Moselle lui dut une grande partie de ses succès ; en l'an 5, déjà *St.-Cyr* commandait une division de l'armée de Rhin et Moselle, il se couvrait de gloire avec les corps qu'il commandait aux armées dirigées par nos plus grands capitaines ; couvert de blessures honorables, couronné de l'estime publique, objet de vénération pour les chefs et pour les soldats, le général *St.-Cyr* a cueilli les lauriers de la gloire, et son nom est lié à toutes les victoires de nos armées, en Italie et en Allemagne ; il a été appelé au conseil et à l'exécution, et partout il a fait preuve de talens, de zèle, et d'un attachement sans bornes pour cette *France* qui se glorifie de lui avoir donné le jour, et de l'avoir vu placé dans les rangs des braves.

SAINT-HILAIRE, *Patriote.*

Louis-Vincent-Joseph de *St.-Hilaire*, né sous les drapeaux, le 4 septembre 1766, à Ribemont (Aisne), fut élevé, pour ainsi dire, sous la tente ; son père était capitaine de cavalerie ; à l'âge de quatorze ans, le jeune *St.-Hilaire* s'embarqua pour les Indes orientales, en qualité d'officier à la suite, dans les hussards de Binck ; de retour en France, il entra dans le régiment d'Aquitaine, infanterie, en qualité de sous-lieutenant, et y fit les campagnes de 1782, 83 et 84. En 1793, il commandait un corps de chasseurs à pied, et fit partie de l'armée des Alpes; passé à l'armée d'Italie, il a toujours servi avec distinction, a obtenu plusieurs commandemens militaires dans l'intérieur de la France, et mérité, dans toutes les fonctions dont il a été chargé, l'estime des chefs du Gouvernement et la reconnaissance des administrés.

St.-MICHEL (Lacombe), *Républicain*.

Dans les camps, au Sénat, à la cour des rois, le guerrier qui nous occupe en ce moment, a fait preuve de talent, de patriotisme et de courage. Le nom de Lacombe-St.-Michel se trouve toujours placé avec avantage parmi ceux des plus zélés défenseurs de la patrie, des hommes justes et probes qui voulurent faire le bien, des fonctionnaires publics éclairés et sages, à qui les plus importantes missions furent confiées.

Jean-Pierre *Lacombe-St.-Michel* naquit à St.-Michel (Tarn), le 5 mars 1763, d'une famille militaire et ancienne.

Après avoir fait ses études avec succès, il fut nommé capitaine d'artillerie en 1779, et chef de bataillon le 1er. septembre 1792. A cette époque, ses concitoyens lui donnèrent une marque signalée de leur confiance, en le choisissant député pour le département du Tarn, à l'assemblée législative. C'est dans ces fonctions pénibles qu'il montra une ame droite et pure, un désir bien prononcé de voir disparaître les abus et s'établir le règne des lois. Il manifesta cette opinion dans les premières séances de l'assemblée, et s'éleva avec force contre le tumulte qui régnait dans les délibérations. « Sacrifions, disait-il, la gloire individuelle à la gloire politique des Français. »

Il fut nommé député à la Convention nationale. Là, il fut chargé de plusieurs missions importantes.

Elu membre du Conseil des Anciens, il fut nommé président de cette assemblée. En l'an 6, il fut fait général de division d'artillerie, et nommé ambassadeur près la cour de Naples. En l'an 7, il eut le commandement en chef de l'artillerie de l'armée du Rhin. *Lacombe-St.-Michel* est mort depuis quelques années.

Ste.-SUZANNE, *Patriote.*

Gilles-Joseph-Marie-Bruneteau *Ste.-Suzanne* était né le 8 mars 1760, à Châlons (Marne). Il était page de Madame, belle-sœur de Louis XVI, avant d'entrer au service. A l'âge de 18 ans, il fut fait sous-lieutenant. Le zèle et la bravoure qu'il montra dans les premières campagnes de la guerre de la révolution, lui procurèrent un prompt avancement. Il seconda Desaix au fameux passage du Rhin; dans toutes les actions où il s'est trouvé, il a fait preuve de talens et d'intrépidité. *Ste.-Suzanne* n'est plus : il est mort comme tous les héros doivent mourir, par la main de l'ennemi.

SARRASIN, *Patriote.*

Jean *Sarrasin*, né le 15 août...... à St.-Sylvestre (Lot-et-Garonne), fut, dès sa jeunesse, destiné à l'état ecclésiastique; mais, entraîné par son goût pour l'art militaire, il s'engagea dans le régiment de Colonel-Général de dragons, le 27 septembre 1786. Le service de simple soldat lui paraissant trop monotone et peu propre à former son esprit porté vers l'instruction, il obtint son congé et reprit la carrière des sciences. Telle fut la rapidité de ses progrès, qu'à l'âge de 21 ans, il mérita d'être nommé, à l'école de *Sorèze*, à une place de professeur de mathématiques, vacante par la suppression des Bénédictins de *St.-Maur*.

La guerre ayant été déclarée entre la France et l'Autriche, *Sarrasin* quitta l'école de *Sorèze*, et se rendit volontairement à l'armée de *Luckner*. Il était sous-lieutenant dans la première compagnie franche de l'armée de la Moselle, et se trouva à la bataille de Ste.-Menehould, où il fut nommé lieutenant. Il passa à l'armée de la *Vendée*, et fut avec le général *Marceau* à l'armée des Ardennes, où il se distingua. Il se trouva au passage du Rhin, et fut envoyé à l'armée d'Italie. Il avait déjà obtenu un prompt avancement.

C'est en *Irlande*, sous les ordres du général Humbert, qu'il seconda les efforts des braves vainqueurs à *Kilala* et à *Castelbar*. Après avoir été trois mois prisonnier des Anglais, il fut employé à l'armée d'Italie et à celle de Naples, puis il passa à *St.-Domingue*.

Aux talens militaires, le général *Sarrasin* joint ceux d'un homme de lettres : nous lui devons des notes publiées en l'an 7 sur l'expédition d'*Irlande*. Les articles dans le Guide du Jeune Militaire, depuis la page 346 jusqu'à celle 383, lui appartiennent, et des discours..... sur la Légion d'Honneur....

Le général *Sarrasin*, ennemi de toute tyrannie, a prouvé qu'il aime la véritable liberté, les sages institutions, et qu'il désirait voir reparaître en France le règne des lois, un chef légitime et le gouvernement paternel d'un bon roi.

SAUNIER.

Dieppe fut le berceau de Jacques Sure, des deux Duquesnes, et de ces premiers navigateurs français qui furent l'honneur de notre marine, et portèrent la gloire du nom français dans l'Afrique et dans les deux Amériques. Marseille longtemps domina les mers par le courage de ses marins, le zèle de ses matelots et le talent de ses pilotes. Saint-Malo fut la patrie des Duguay-Trouin, des Belle-Isle-Pepin, des Lajaille, des Descoudrais, des du Fresnes, et de tant d'illustres marins, qui tous, sur le sein des mers, firent les fonctions de la marine royale et de la marine marchande. Dunkerque vit naître Jean Bart; le brave *Saunier* naquit à Toulon, le 10 octobre 1769, de parens honnêtes, et qui joignaient à l'aisance la simplicité des mœurs. Entraîné par une impulsion secrète vers cet élément qui ne veut que les braves, il s'essaya sur les rives de la Méditerranée. Sur le sein de cette mer agitée, il guidait de faibles canots, apprenait à lire dans les cieux; déjà il se formait à l'école de l'expérience.

Il entra dans la marine marchande. Les voyages de long cours et des études constantes l'eurent bientôt placé parmi nos marins les plus instruits.

Après la prise de Toulon, il attaqua un brick espagnol de six canons et monté de dix-huit hommes; il l'aborde et s'élance seul le sabre à la main...; l'ennemi l'aperçoit et connaît la peur... Tout l'équipage est aux pieds du jeune vainqueur. Quelque temps après ce jeune et brave officier fut fait capitaine de frégate et ensuite capitaine de vaisseau. En l'an 6, il commanda le *Guillaume-Tell*, et se trouva au malheureux combat d'Aboukir. Il se retirait, lorsqu'il fut attaqué par des forces supérieures, blessé et fait prisonnier. Rendu à la liberté, il fut nommé capitaine de première classe. Il monta *l'Africaine*, chargé de porter des renforts en Egypte. Un combat s'engage contre une frégate anglaise; *Saunier* est abattu par un boulet sur le pont du gaillard derrière, où il commandait. Ainsi périt, à la fleur de l'âge, ce jeune marin. Il avait servi la patrie avec zèle, combattu avec un courage héroïque, étonné les ennemis; il était estimé de ses chefs, admiré de ses frères d'armes. Il mourut au champ d'honneur.

SAY, *Patriote*.

Mes pleurs sont pour les morts : Barde à jamais célèbre, qui, par tes chants, immortalisais le vaillant Morar, prête - moi ta harpe frémissante pour rappeler un héros qui n'est plus. Il s'est éteint comme aux premiers rayons du jour s'éteint l'astre des nuits. Sur sa tombe on a vu l'Arabe vagabond, l'intrépide Mameluck, le brave Osmanlis et le Français étranger, sur ces rives lointaines, s'arrêter, s'attendrir et pleurer. Les braves aiment les braves, et leurs regrets sont pour eux l'hymne de l'éloge. Jeune *Say*, toi qui, dans les champs de la Syrie, as trouvé une mort glorieuse, reçois ici le tribut d'admiration dû à tes talens, à tes vertus, à ton courage. Non! tu ne seras point tombé inaperçu au milieu des guerriers frappés du coup mortel au jour des combats. Si, dans la ville lointaine de *Geysarié*, tes tristes dépouilles reposent sous un tombeau de gazon, ton souvenir s'échappe à travers les orages, franchit les déserts et l'espace immense des mers; tes frères ont porté sur leur cœur ton nom et tes exploits. Harpe de la douleur, vous ne résonnerez point tristement sous nos doigts mal habiles; nous n'emprunterons point au Barde ses sons mélodieux et funèbres pour seconder nos faibles efforts. Jeune guerrier mort, ton frère seul sera ton panégyriste.

« Mon frère, dit le tribun Say (auteur d'un ouvrage en deux volumes, ayant pour titre : *Traité d'Economie politique, etc.*) dut à son mérite personnel le rang qu'il obtint dans la société et l'estime qu'il inspira à tous ceux dont il se vit entouré. Il ne fut jamais servi par les circonstances, par les recommandations, par la fortune. Ses talens l'appelaient dans le corps du génie. On annonce un examen, il s'y présente; et telle était son aptitude, que, sans préparation, n'ayant eu que deux jours pour s'informer des connaissances exigées, il est interrogé par le sévère *Van-dermonde*, et il est admis d'emblée. On l'envoie à l'école de Metz ; bientôt il est le premier de cette école et ne tarde pas à être employé : il fait le blocus de Luxembourg. Appelé à Paris pour seconder des chefs éclairés, il travaille, de concert avec eux, à l'organisation de l'école polytechnique. Il remplaça, dans cet établissement, le général d'Arçon. Devenu collègue des premiers génies de l'Europe, de Lagrange, de Monge, de Guyton-de-Morveau, de Berthollet et de plusieurs savans non moins célèbres, il ressentit vivement cet honneur : leurs belles théories lui devinrent familières..... Aucune branche des sciences ne lui était étrangère ; en même temps qu'il sondait les profondeurs de la stéréotomie de Monge et des analyses de Lagrange, il développait, dans la *Décade phylosophique*, un système complet de météorologie ; il analysait l'ouvrage de *Laplace* sur l'astronomie ; il insérait au même journal un article très-philosophique sur les examens publics ; il enrichissait les *Annales de Chimie* de la description d'un instrument de son invention, propre à mesurer le volume des corps sans les plonger dans aucun liquide, et il consignait, dans le *Journal de l'Ecole Polytechnique*, un mémoire étendu sur le détèlement des fortifications, qui servira éternellement de guide à ceux qui professeront dorénavant cette science..... Il avait fait le plan d'un ouvrage sur l'entendement humain, dont il a laissé un grand nombre de fragmens.... Un Essai sur la théorie de l'Harmonie ; un autre sur les gouvernemens libres, dans lequel il examine la constitution administrative, qu'il regarde comme plus importante, pour le bonheur des nations, que la constitution politique.... Il a inséré, dans la *Décade philosophique*, une allégorie pleine de graces, dans le genre des Troglodites de Montesquieu, dont le but était de faire sentir la fâcheuse influence des préjugés sur le sort de l'espèce humaine... Enfin, on a de lui des chapitres de la politique intérieure, depuis le mois de nivose de l'an 4, jusqu'au mois de floréal de l'an 5, qui portent l'empreinte du patriotisme le plus éclairé, d'une philosophie plus douce, de la sagacité la plus fine. »

« Vers le milieu de l'an 5, Honoré *Say* fut appelé pour aider le citoyen *Catoire* à jeter les bases d'une nouvelle organisation de l'école du génie. Revenu à Paris au bout de quelques mois, il demeura attaché aux fortifications.... Il fut l'ami de *Cafarelli-Dufalga*, et le suivit à l'armée *d'Orient*..... Membre de l'Institut d'Egypte, il en fut un des principaux ornemens. Lorsqu'une partie de l'armée partit pour la *Syrie*, l'élite du corps du génie fut de l'expédition.... Il eut le bras droit emporté sous les murs de la ville d'*Acre* ; transporté à Quaysarié ,... il n'était plus... Longtemps il vivra dans le souvenir de ses camarades, de ses amis, de ses parens dont il était adoré, de sa jeune épouse (la fille du docteur Laroche); d'un frère, le plus ancien, le meilleur de ses amis, qui ne peut tracer cette ligne sans l'inonder de ses larmes. »

SCHAWEMBOURG, *Patriote*.

Balthazar *Schawembourg* était né Jungholtz, près Colmar (Haut-Rhin), où il fut élevé dans la maison paternelle jusqu'à l'âge de neuf ans. En 1759 il était volontaire dans Nassau cavalerie. Il obtint ensuite tous les grades, s'est distingué avant et pendant la révolution, et fut placé au rang des braves par ses frères d'armes et ses concitoyens.

SERCEY, *Patriote*.

Le contre-amiral *Sercey* ne peut être oublié dans la liste des braves. Il comptait seize années de navigation, dont quatre de guerre, dix-huit campagnes, six commandemens et cinq combats, lorsqu'il fut fait contre-amiral en 1793. En l'an 4°, il commandait une division qui se distingua dans l'Inde. Pierre-Charles-Guillaume

Sercey était né à l'île de France, et fut employé dans sa jeunesse sur les vaisseaux du Roi.

SERRURIER, *Patriote*.

Le général *Serrurier* est un de ces militaires distingués, qui ont d'autant plus de droit à l'estime publique, que les talens militaires s'allient chez lui à cette modestie, qui augmente l'éclat des succès, à une probité sévère et aux vertus qui font l'homme de bien. On a dit de lui : « Le général Serrurier est extrêmement sévère pour lui-même ; il l'est quelquefois pour les autres. Ami rigide de la discipline, de l'ordre et des vertus les plus nécessaires au maintien de la société, il dédaigne l'intrigue et les intrigans, ce qui lui a fait des ennemis parmi ces hommes, qui sont toujours prêts d'accuser d'incivisme ceux qui veulent que l'on soit soumis aux lois et aux ordres de ses supérieurs. »

Jean-Mathieu-Philibert *Serrurier*, né à Laon (Aisne), le 8 décembre 1740. Il entra au service à l'âge de treize ans, comme lieutenant au bataillon des milices de sa ville natale.... Il était général de division en 1793. Il a fait, avec la plus grande distinction les campagnes de la révolution; il a souvent conduit à la victoire les divisions qui lui ont été confiées, et s'est immortalisé à l'armée d'Italie ; son corps est couvert d'honorables cicatrices. Il fut fait prisonnier à l'attaque de *Villa-Franca*. De retour en France, la reconnaissance publique l'appela au Sénat-Conservateur en l'an 12. Sa probité sévère, l'estime de ses collègues et la confiance du Gouvernement, lui ont fait conférer la dignité de Préteur du Sénat. Maréchal de France, il fut élevé au poste de Gouverneur général des Invalides, après la mort du général *Berruyer*.

SERVIEZ, *Patriote-Constitutionnel.*

Le général Serviez appartenait à une ancienne famille de la ci-devant province de Languedoc, et qui a fourni un grand nombre d'officiers à nos armées. Son grand-père, Jacques-Roergas de *Serviez*, décoré de l'ordre de *St.-Lazare*, s'est fait un nom dans la littérature, et a laissé plusieurs ouvrages estimés. On a de lui les *Impératrices romaines*, ou *Histoire de la vie et des intrigues secrètes des Femmes des douze Césars, de celles des principaux Empereurs Romains et des princes de leur sang*, tirée des anciens auteurs grecs et latins, avec des notes historiques et critiques; les *Hommes Illustres du Languedoc*, ouvrage qu'il dédia aux Etats de la province, et que la mort l'empêcha de continuer. M. de Serviez publia aussi à Genève, en 1724, un roman intitulé le *Caprice* ou *les Effets de la Fortune*, et laissa en manuscrit *l'Histoire du brave Crillon*. Son petit-fils, Emmanuel-Gervais *Serviez*, né à *St.-Gervais*, petite ville du *Languedoc*, le 27 février 1755, hérita de son goût pour les lettres; mais il eut plus que lui l'avantage d'être utile à sa patrie dans la carrière des armes, et son nom rappelle à la fois un bon militaire, un homme de lettres instruit, un habile administrateur, et un sage appelé à des fonctions législatives. Il a publié plusieurs écrits, pendant le cours de ses services, sur différens objets militaires, dans lesquels on remarque des vues sages et utiles. On distingue entre autres un écrit imprimé en 1788, dans lequel il s'élevait contre le système allemand qu'on voulait introduire dans les troupes françaises, et une Adresse aux soldats en 1790, pour les exhorter à la discipline militaire. Sa plume s'exerça aussi sur des sujets plus légers. Il parut, en 1791, un roman dont il était l'auteur, et qui eut trois éditions. Il n'en a avoué que la première. Après avoir donné des preuves de courage et de talent à nos armées, *Serviez* fut appellé par les plus honorables suffrages aux fonctions de législateur, douce récompense du bien qu'il avait fait, et de celui qu'il avait voulu faire.

SONGIS, *Patriote*.

Le département de l'Aube a vu naître ce général, que ses talens, ses connaissances et ses services ont porté au premier rang dans l'arme de l'artillerie. Nicolas-Marie *Songis* avait embrassé l'état militaire avant la révolution ; ses goûts particuliers l'avaient engagé, dès sa jeunesse, à suivre cette carrière, et déjà ses études suivies lui faisaient espérer qu'il pourrait s'y distinguer un jour, lorsque les événemens de 1789 hâtèrent cette époque, et lui permirent de joindre la pratique aux leçons de la théorie ; son nom se rattache à plusieurs circonstances glorieuses de la guerre de la révolution : dans ses premières campagnes de l'armée du *Nord*, en Italie, en Égypte, on l'a vu suivre constamment le chemin de l'honneur, et mériter, soit comme officier, soit comme général, la confiance du soldat et l'estime des généraux sous les ordres desquels il a combattu. *Songis* exerça les fonctions d'inspecteur général d'artillerie.

SORBIER, *Patriote*.

L'arme d'artillerie, qui a aussi puissamment contribué au succès de nos armées pendant le cours de cette guerre, compte parmi ses chefs Jean-Barthelemy *Sorbier*, né à Paris, le 17 novembre 1763, qui, n'étant qu'élève d'artillerie fut porté par son mérite à tous les grades, fut fait général de division le 16 nivose an 8, et prit place parmi nos généraux les plus illustres par sa longue présence à nos armées, ses talens, ses services réels et son amour pour la patrie; il a rempli les fonctions d'inspecteur général d'artillerie.

SOUHAM, *Patriote*.

Né dans le département de la Corrèze en 1761, ce brave guerrier a fait avec gloire les campagnes de la révolution; quelque temps après la paix de Lunéville, il a obtenu son traitement de retraite. *Souham* a bien servi son pays, et par devoir et par amour.

SOULT, *Patriote*.

Les armées de Sambre-et-Meuse, d'Helvétie, du Danube, d'Italie et d'Allemagne, ont compté le maréchal *Soult* parmi leurs chefs les plus habiles et les plus dévoués à la gloire nationale; ses beaux faits d'armes sont consignés dans l'Histoire; ceux qui connaissent ses talens et savent apprécier les braves, le placeront au premier rang.

STOFFLET, *Royaliste*.

Ce brave a combattu dans les champs Vendéens avec gloire; par sa conduite et sa fidélité il s'est acquis une gloire immortelle ; par son exemple, il a prouvé que le premier devoir d'un Français est de servir la cause de son roi, et de tout entreprendre pour la défense de la patrie et de l'auguste chef qui la représente.

SUCHET, *Patriote-Constitutionnel.*

Louis-Gabriel *Suchet* est né à Lyon en 1769; son père, un des commerçans les plus accrédités de cette ville si fameuse par ses manufactures et l'industrie de ses habitans, n'avait rien négligé pour donner à son fils une utile instruction. A l'époque de la révolution, *Suchet*, maîtrisé par l'amour de la gloire, vint demander du service ; il obtint tout ce qu'il désirait ; déjà il avait étudié le grand art de la guerre dans les fastes des peuples belliqueux; pour être un grand capitaine, il ne fallait que des circonstances propices ; elles se présentèrent, et ce jeune guerrier développa des talens qu'il ne sut employer que pour la défense de la patrie.

Le maréchal *Suchet* a fait toutes les campagnes de la révolution avec gloire, avec sagesse, avec talent : on n'oubliera point ce qu'il a fait en Espagne, et la manière grande, noble et généreuse avec laquelle il s'est comporté dans les royaumes de Valence et de Grenade.

Français ! il a combattu pour la France, et s'est

toujours montré comme un soldat obéissant et un chef digne de commander à des braves.

T.

TAPONNIER, *Républicain*.

Alexandre-Camille *Taponnier* naquit à Valence (Drôme), le 2 février 1749. A l'âge de seize ans, il vint à Paris et s'occupait des études propres au chirurgien, lorsque son goût pour les armes le fit entrer, le 25 novembre 1767, dans le régiment des gardes françaises, à la révolution. Le général Lafayette ayant organisé la garde nationale de Paris, *Taponnier* fut choisi un des aides-majors de cette garde; il passa dans la ligne, s'y distingua, obtint tous les grades et rendit les services les plus signalés. Le général *Taponnier* ayant obtenu son traitement de réforme, se retira dans ses foyers. Il n'existe plus.

THIEBAULT, *Patriote-Constitutionnel*.

Le brave dont nous nous occupons nous paraît avoir acquis une triple renommée, celle que donne la valeur au jour des combats, celle qui résulte de la sagesse des dispostions, et, enfin, celle qui s'obtient par la culture des lettres. Tour-à-tour soldat, capitaine, historien, il a guidé les braves qui lui furent confiés, raconté les beaux faits d'armes dont il fut le témoin, et, enfin, il a donné des leçons de théorie couronnées du plus heureux succès.

Paul *Thiebault*, fils de Dieudonné *Thiebault*, de l'Académie de *Berlin* en Brandebourg, naquit en cette ville, le 14 décembre 1769. L'école militaire fondée par Frédéric fut son berceau.

A l'époque de la révolution, il passa en France; il servit dans la garde nationale de Paris, et fut un des officiers qui formèrent (sous Lafayette) la création des compagnies de grenadiers de la garde nationale de la capitale.

Thiebault a fait six campagnes de la révolution, et toujours avec gloire et distinction. (Nous placerons ici une anecdote qui peut intéresser nos lecteurs.) « Dix-sept quintaux de poudre étaient dans des barils, qui, en arrivant à *Spolette* (en Italie), se trouvèrent en partie défoncés; leur transport à Perugia devenait très-difficile, et, en attendant que l'on prît un parti à leur égard, ils avaient été déposés dans une salle pavée en dalles. *Thiebault*, accompagné du capitaine de grenadiers *Gelin*, d'un autre officier, et du capitaine *Fabre*, aide-de-camp du général *Casa-Brinca*, s'était rendu en cet endroit pour juger par lui-même de l'état des barils, qui, en effet, perdaient tellement la poudre des tous côtés, que le pavé de la salle en était couvert ; dans l'embarras de savoir ce que l'on ferait de cette poudre, *Fabre*, par une incroyable demence, tire tout à coup son sabre, et en s'écriant : *Je voudrais, pour toute chose au monde, que le feu nous en débarrassât*, il se met à frapper les dalles, et à faire voler de tous côtés la poudre et les étincelles. Aussitôt le capitaine *Gelin* et l'officier qui était avec lui se sauvèrent sans se donner le temps de proférer un seul mot. Le capitaine *Fabre*, après une douzaine de coups donnés à tour de bras, s'arrête et remet son sabre, en répétant.... : « Allons, elle ne prendra pas..... » Quant à *Thiebault*, qui, immobile sur le baril de poudre, sur lequel il était assis, n'avait pas quitté *Fabre* des yeux pendant cette extravangance, il se leva quand elle fut finie, et se contenta de dire en riant..... : Il faut convenir, mon cher *Fabre*, que vous êtes le plus grand fou que j'aie vu depuis que j'existe..... »

Thiébault était à la prise de Naples et au siége de Gênes.

Ce général est auteur d'un ouvrage ayant pour titre : *Le Manuel des Adjudans généraux*, considérés comme chefs d'état-major dans les divisions actives ;

D'un Mémoire destiné à prouver la nécessité de distinguer ce qui tient aux quartiers généraux et aux états-majors, et à organiser, sur de nouvelles bases, les uns et les autres;

De l'*Histoire du blocus de Gênes*, qui, en moins d'un an, a eu deux éditions.

TILLY, *Patriote*.

Jacques-Delaitre *Tilly* est né le 15 août 1749. En 1767, il entra dans Soissonnais en qualité de volontaire, fit les campagnes de 61 et 62, en Allemagne; passé sous-lieutenant dans Aunis, il se trouva aux siéges de Mahon et de Gibraltar : il servit ensuite sa patrie dans les armées opposées aux puissances coalisées, où il se fit un nom par son courage et ses talens.

THUREAU, *Patriote*.

Le général Louis-Marie *Thureau* avait déjà parcouru avec distinction la carrière des armes, principalement dans la guerre d'Amérique, lorsque la révolution l'appela de nouveau sous les drapeaux : il obtint le grade de général de division, fut élevé au commandement en chef de l'armée de l'*Ouest*. Il a servi en Allemagne, en Italie. En l'an 12, le général *Thureau* fut nommé ambassadeur auprès des Etats-Unis d'Amérique.

TRIAIRE, *Patriote*.

Fils adoptifs des généraux, leurs frères d'armes au champ d'honneur et leurs amis les plus fidèles dans leurs foyers, souvent leurs élèves et quelquefois leurs dignes rivaux, les aides-de-camp parlent toujours avec enthousiasme des officiers supérieurs auprès desquels ils ont l'honneur de servir la patrie : pourrait-on s'en étonner? la gloire de ces fils d'adoption réjaillit sur ces enfans, que des talens, des vertus et le vrai courage ont fait choisir ; il en résulte de part et d'autre un attachement durable, une amitié réelle et constante dans la bonne ou mauvaise fortune, une douce réciprocité de prévenance et d'égards. En parlant des belles actions des généraux et de leurs aides-de-camp, il semble que le laurier qu'ils ont ceuilli de concert va refleurir encore ; c'est un tribut payé à la reconnaissance des uns, à l'amitié des autres.

Le guerrier qui nous occupe fut aide-de-camp de S. A. S. le prince Eugène ; il était né à Villelongue (Gard), le 13 mars 1764; il fit ses premières campagnes aux armées placées sur les frontières du nord de la France; il servit à l'armée du *Rhin*, fut de l'armée d'Italie, de celle du Danube; le 4 brumaire an 9, en qualité de capitaine, il passa dans la garde des Consuls; fut nommé major au troisième régiment de chasseurs à cheval, le 30 frimaire an 12; et fut aide-de-camp de S. A. S. le prince Eugène Beauharnais, le 30 ventose an 13.

TRUGUET, *Patriote*.

Laurent-Jean-François *Truguet*, fils d'un capitaine de port, est né à Toulon (Var); il a obtenu tous les grades enviés des marins; en 1792, il obtint le commandement en chef de l'escadre de Toulon et le grade de contre-amiral; le 14 brumaire an 4, *Truguet* fut nommé par le Directoire-Exécutif ministre de la marine; il fut ensuite nommé ambassadeur près la cour de Madrid, à la place du général Perignon; il a été conseiller-d'état, section de la marine en service ordinaire; inspecteur de la marine, et a commandé en chef l'escadre dans la Méditérannée.

THEVENARD, *Patriote-Constitutionnel*.

Ce brave est un de nos plus anciens officiers de marine, distingué par son courage et ses talens. Le contre-amiral *Thevenard* fut élevé à ce grade en 1791; le 17 mai de la même année, Louis XVI lui confia le ministère de la marine et des colonies, vacant par la démission de

M. de *Fleurieu;* le 7 octobre de la même année, il fut remplacé par M. *Bertrand-de Molleville.*

Il a été commandant d'armes à Toulon; obligé de se condamner à la retraite à raison des événemens, il sut occuper ses loisirs; et c'est alors qu'il livra à l'impression et publia ses mémoires relatifs à la marine, en 4 vol. in-8°. Cet ouvrage scientifique, dans lequel *Thevenard* a fait preuve de connaissances comme marins, et de talens comme homme de lettres, a obtenu les suffrages de gens de l'art; dans le premier volume, l'auteur s'occupe de l'origine de la boussole, de la nature des vaisseaux, de la construction des avisos et petites corvettes; dans le second, on remarque des observations sur la rade de Brest, ses environs, ses côtes, rades, îles, etc. Le troisième volume traite des phares anciens et modernes; de la santé et de la conservation des gens de mer; des avantages des pêches des morues, sardines et baleines, etc.; de la force maritime et du commerce de l'État; des principales dimensions et forces en artillerie de chaque rang de bâtiment de guerre; la progression ascendante et descendante des marées...., etc. Le quatrième volume contient des expériences multipliées sur la résistance des fluides, faites par l'auteur en 1769, et vérifiées dès-lors par *Bezout* et *Borda,* de l'Académie des sciences.

En l'an 8, *Thevenard* fut confirmé dans le grade de vice-amiral ; il a été préfet maritime du quatrième arrondissement (l'Orient.)

V.

VALENCE, *Patriote-Constitutionnel*.

Qu'il est digne de notre admiration et de la reconnaissance nationale, ce beau dévouement des guerriers français, qui, dans des temps de trouble et d'orage, se sont exposés sur une mer semée d'écueils, sans craindre le présent et sans redouter l'avenir ; en vain la foudre révolutionnaire frappait de mort les braves et les lâches, les citoyens paisibles et les satellites des factions ; toujours au premier rang, nos guerriers opposaient l'héroïsme des vertus au sein de la tyrannie, l'amour de la patrie à la haine des méchans, leurs bras victorieux aux agens des factions, leur ame noble et pure aux complots des pervers : on aime à porter ses regards sur les monumens de leur gloire : on cite avec enthousiasme le récit de leurs faits héroïques, et leur nom, qui n'a plus à redouter la faulx ni les ailes du temps, est déjà tracé au temple de mémoire ; parmi ces noms illustres, on aperçoit celui de Jean-Baptiste-Cyrus-Marie-Adélaïde de Tembrune-de-Valence, né à *Agen* (Lot-et-Garonne), le 22 sepembre 1757. Ce guerrier appartenait à une famille illustre; plusieurs de ses ancêtres avaient répandu leur sang avec gloire pour le service de la monarchie : leur fils devait être l'héritier de leur nom et de leurs belles qualités. Avant le commencement de la révolution, il était colonel en chef du 14e. dragons.

« La guerre ayant été déclarée, *Valence* demanda et obtint du service. La division de grenadiers de l'armée du Nord fut confiée à ses soins; il renouvela, sous les murs de *Menin*, ce que *Clausen* fit autrefois pendant la guerre de sept ans ; il fit faire à sa division, coupable d'une faute grave contre la discipline, le maniement d'armes et le simulacre de tous les feux, pendant qu'une troupe nombreuse de chasseurs ennemis tirait sur lui et sur cette ligne de grenadiers, qui recevait une leçon dont elle devait si bien profiter. Son cheval fut blessé, et lui-même il reçut une contusion. Il continua de commander à pied; et cette journée, si utile pour la discipline, se termina par la destruction du corps ennemi. »

Valence a fait les premières campagnes de la révolution, et après la fuite de Dumourier, il fut obligé de se retirer en Hollande, puis en Angleterre, et enfin à Hambourg; de retour en France, il fut nommé membre du Sénat.

WATRIN, *Patriote.*

« L'éloge du général *Watrin*, dit l'auteur de sa notice dans la Galerie Militaire, est dans la bouche de tous ceux qui l'ont connu. Enlevé trop tôt à sa patrie, il a laissé de vifs regrets à ses concitoyens et de beaux souvenirs à l'Histoire; sa vie politique est pleine de ces faits qui annoncent une ame grande et généreuse; chez lui les vertus furent toujours les compagnes du courage; et non moins recommandable par ses qualités privées que par ses talens militaires, il posséda le rare privilége de se faire tout à-la-fois admirer et aimer. La bonté de son cœur et la vivacité de son esprit présentaient ce contraste heureux et brillant dont se comporte le caractère national. Dans tous les pays où il porta ses armes, il avait soin d'adoucir, autant qu'il était en lui, les désordres inséparables de la guerre; son attention à épargner aux habitans tous les maux qu'il dépendait de lui de prévenir, et ce sentiment qui le portait à s'affliger de tous ceux qu'il ne pouvait empêcher, laissèrent en tous lieux une haute estime pour sa personne et un profond respect pour le nom français. »

La ville de Beauvais s'honore d'avoir vu naître le général *Watrin*. En 1772, de simple soldat, il parvint au grade de capitaine par des services soutenus, des actions d'éclat et une conduite sans reproche.

Il rendit de grands services à sa patrie au champ d'honneur, et particulièrement à la bataille de Marengo. Il fut de l'expédition de St.-Domingue, où il termina sa carrière. La France perdit en lui un de ses officiers les plus distingués, et dont la modestie égalait les talens; étranger aux partis qui divisèrent la France, c'est aux armées qu'il a constamment servi la patrie : sa gloire est pure, son nom est sans tache, et sa mémoire sera toujours chère aux vrais amis de leur pays, de la probité et de toutes les vertus militaires et civiles.

VAUBOIS, *Patriote.*

Celui qui, pendant deux ans, défendit l'île de Malthe avec tant de courage, a bien droit à nos souvenirs; il s'était dejà immortalisé par les services qu'il avait rendu à l'armée d'Italie. Les braves le placent au premier rang; et le Gouvernement s'est honoré lui-même, et a prouvé son estime et sa confiance pour le général de division *Vaubois*, en le nommant à une sénatorerie, celle de *Poitiers.*

VENDEENS (les.)

Patriotes royalistes...., voilà les titres qui conviennent à ces habitans des rives vendéennes, armés pour la cause de la religion et de leur roi; qui, dans le bocage ou hors du bocage, ont combattu avec courage, persévérance, ont trouvé la mort au champ d'honneur, ont cueilli un laurier qui embellit leur existence. Salut, braves, qui marchiez sous la noble enseigne des fleurs de lis, et vous aussi vous étiez les soldats de la patrie, vous combattiez contre des frères égarés, mais qui prétendaient mourir aussi pour la patrie... Le temps de l'erreur et du mensonge n'est plus.... Ralliez-vous tous, nobles enfans de la gloire, à la patrie qui exige votre réunion aux nobles fleurs de lis que vos mains doivent cultiver ensemble; à votre Roi légitime.... qui vous presse tous sur son cœur: il est aussi, ce bon Roi, l'enfant de la patrie..., et vous tous à présent, sans nulle distinction, vous êtes tous ses enfans.

VERDIER, *Patriote*.

Jean-Antoine *Verdier*, fils d'un négociant de Toulouse, naquit dans cette ville, le 1er. mai 1766. Il fut aide-de-camp du maréchal Augereau, et se couvrit de gloire à la bataille de Bassano, à celle d'Arcole et à Lodi, où il fut grièvement blessé. Il fut de l'armée d'Orient, et par ses services et son courage, il s'éleva jusqu'au grade de général de division, et rendit les plus signalés services à l'armée d'Orient.

VERGNIAUD, *Patriote-Constitutionnel.*

On voit, dans une des salles du Louvre, une statue en marbre de l'autre *Mirabeau*, de cet éloquent *Vergniaud*, qui, de la plaine, lançait la foudre sur la Montagne, et faisait trembler les ennemis de l'éternelle vérité, de la justice et de l'humanité. L'artiste a choisi le moment où cet orateur célèbre disait à la tribune de la Convention Nationale : « La Révolution est comme *Saturne*, elle dévore ses enfans. » Paroles mémorables, qui rappellent à la France éplorée ces temps d'exécrable mémoire, où le fer des ennemis, le poignard des assassins et le glaive des bourreaux, immolaient ses enfans. Qu'il serait maintenant heureux, cet orateur illustre, s'il avait vu, avec la restauration, tous les partis qui divisaient la France confondus dans un seul parti, celui d'un Roi digne successeur d'Henri IV et de Louis XVI. Graces aux soins paternels de ce bon Roi, élevé à l'école de l'infortune, et dont l'ame fut toujours noble et pure, la révolution est terminée, la paix va renaître, tous les Français seront réunis, *Saturne* ne dévorera plus ses enfans, et nous n'aurons plus à redouter des temps de calamité, de haine et de vengeance.

Vergniaud fut député à la Convention Nationale. Il appartenait au département de la Gironde. Il mourut sur l'échafaud.

VIAL, *Patriote*.

Guerrier, ambassadeur, citoyen, le général *Vial* a fait preuve de talens et de dévouement à la patrie. Né à Antibes (Var), en 1766, d'une des plus honnêtes familles de cette ville, le général *Vial*, dont le père jouissait d'une fortune honnête, reçut une excellente éducation. Il était dans la marine à l'époque de la revolution. Il préféra le service de terre, entra dans le régiment de Bresse, fit la campagne de Corse, celle de Hollande. A son retour sur le continent, et la guerre de la révolution ayant éclatée, il obtint tous les grades, jusqu'à celui d'adjudant-général. Il passa à l'armée d'Italie, se trouva à la bataille d'*Arcole*, à celle de *Rivoli*; il fut de l'expédition d'Egypte, où il rendit les services les plus importans. De retour en France, il fut nommé ambassadeur près la république helvétique.

VILLENEUVE, *Patriote*.

La marine française compte parmi ses premiers officiers le contre-amiral *Villeneuve* (Pierre-Charles-Jean-Baptiste-Sylvestre). Il était aspirant le 12 janvier 1778, garde marine le 9 décembre de la même année, garde-pavillon en 1779, enseigne de vaisseau en 1781, lieutenant en 1685, capitaine en 1793, chef de division en l'an 4, et contre-amiral le 1er. vendémiaire an 8.

VICTOR, *Patriote-Constitutionnel.*

Victor... Ce nom est cher à la gloire, à l'honneur, à la patrie..... Victor *Perrin*, connu sous le nom révéré de maréchal duc de Bellune, est né à La Marche (Vosges) en 1763. Elevé par les soins d'un de ses parens et de ceux d'un homme de lettres, il fit paraître, dès sa plus tendre jeunesse, cet esprit militaire, qui, depuis, l'a porté au rang éminent qui le distingue aujourd'hui, bien dû à sa bravoure, à sa fidélité..... Il avait atteint l'âge de quinze ans, et son éducation était à peine terminée, qu'il se dévoua au service et entra au régiment de Grenoble (quatrième d'artillerie : là, guidé par les principes d'honneur et de probité héréditaires dans sa famille, il s'occupa de l'étude de ses devoirs et de la science militaire jusqu'en 1792, époque à laquelle il fut appelé au troisième bataillon de la Drôme, en qualité d'adjudant. C'est à l'armée d'Italie où l'on vit paraître avec distinction le général *Victor*, y conquérir tous les grades, et servir la patrie avec un zèle et un dévouement au-dessus de tous les éloges. L'Allemagne et l'Italie ont vu ce brave parmi les braves, cueillir des lauriers immortels. La postérité, en plaçant *Victor* au premier rang des Français qui combattirent avec gloire pour la France attaquée de toutes parts, l'offre pour modèle aux guerriers qui, dans des temps difficiles, ne savent que céder aux circonstances, sans songer qu'en servant la gloire et la patrie, il ne faut pas oublier ce qu'ils doivent encore à l'honneur, à leurs sermens.

VIGNOLLE, *Patriote.*

Le brave *Vignolle*, né à Massillargues, près de Montpellier (Hérault), le 18 mars 1763, était issu d'une famille militaire, et entra au service dans le régiment de *Bernis*, infanterie, en qualité de volontaire, le 12 mars 1779. Il fut fait capitaine le 22 mai 1792. Dans les premières campagnes de la guerre de la révolution, les armées des Alpes et d'Italie le comptèrent au nombre des officiers les plus habiles. Il se distingua d'une manière toute particulière au combat de *Dego*; à la bataille de Castiglione, où il servait en qualité d'adjudant général, et où il fut dit de lui qu'il joignait, à un courage sûr, des talens et une activité rares; et au pont d'Arcole, où il fut blessé grièvement de deux coups de feu.

Vignolle étant rétabli, fut nommé, en l'an 6, ministre de la guerre de la république italienne, dont il remplit les fonctions jusqu'en l'an 7. A la reprise des hostilités, de retour à Paris, la place de secrétaire général de la guerre lui fut confié; mais il quitta bientôt ce poste pour prendre du service à l'armée d'Italie. Constamment présent aux armées ; ce brave n'a point, quoique attaché pendant plusieurs campagnes à l'état-major général, laissé échapper une occasion d'avoir une part active aux batailles qui ont illustré le nom français en Italie. « Le général *Vignolle*, disent les auteurs de la Galerie Militaire, est bon père, bon époux et bon ami. Comme militaire, comme Français, il a su se rendre digne de l'estime publique.

VILLERET-JOYEUSE, *Patriote-Constitutionnel.*

Villeret-Joyeuse (Louis-Thomas) est né à Caen, le 29 mars 1748. Il avait atteint sa trentième année, lorsqu'il obtint le grade d'enseigne de vaisseau de la compagnie des Indes. En 1780 il était capitaine de brûlot, lieutenant de vaisseau en 1784, et capitaine en 1792. En l'an 2 il fut nommé contre-amiral. Par un décret, suite de la révolution du 18 fructidor, *Villeret-Joyeuse* fut porté sur la liste des députés condamnés à la déportation ; il était alors membre du Corps-Législatif au conseil des Cinq-Cents. Le 6 vendémiaire an 3, ce brave marin avait été nommé vice-amiral.

WIRION, *Patriote*.

Cet officier général fut brave, actif et laborieux ; il se fit remarquer par des talens militaires et administratifs. Il appartenait à l'arme de la gendarmerie. Le laurier de la gloire, qui orne le front du vainqueur au jour des batailles contre l'ennemi du dehors, est aussi la récompense réservée à ces braves, institués dans l'intérieur pour garantir le repos, les propriétés et la vie des citoyens ; car c'est cette force publique qui maintient les liens de la société, protège la vertu, épouvante le crime, et le force de se cacher dans les repaires obscurs, certain de n'en sortir qui pour être frappé du glaive de la loi, *sontibus undè tremor, civibus indè salus*.

La commune de Cogny (Ardennes) avait vu naître Louis *Wirion*, le 22 février 1764. Ce guerrier a cessé de vivre il y a quelques années.

On a oublié de mettre à la lettre C la notice du général *Championet*, de ce guerrier qui s'illustra en *Italie*, à *Naples*, et qui mourut au champ d'honneur.

FIN.

SUPPLÉMENT.

CAMBRONE, *Patriote*.

Salut, honneur et gloire à tous les guerriers qui se sont dévoués avec *Cambrone*....; ils vivront dans la mémoire de leurs braves frères d'armes, et le souvenir de leur mort glorieuse sera l'objet de l'admiration des siècles à venir. Dans la terrible journée, en vain la foudre britannique portait la mort dans les rangs de nos guerriers; en vain les champs de *Waterloo* étaient rouges du sang français, rien ne peut ralentir l'ardeur de nos vieux grenadiers...., la pitié victorieuse leur offre la vie.... « Non, s'écrie *Cambrone*, la garde meurt, elle ne se rend pas. »

>Ils ne sont plus les fils de la victoire,
>*Mars* a trahi leurs efforts et nos vœux,
>Pleurez Français, l'appui de votre gloire
>Est descendu dans la tombe avec eux,
>A leur valeur l'Anglais rendant hommage
>Voulut en vain le soustraire au trépas.
>*La garde meurt, elle ne se rend pas.*

www.ingramcontent.com/pod-product-compliance
Lightning Source LLC
Chambersburg PA
CBHW060643170426
43199CB00012B/1649